개정판

MODERN INCHEON SERIES 1
1930s as seen in bird view and photography

모던
인천

모던인천 시리즈 1

조감도와 사진으로 보는 1930년대

モダン仁川 1
鳥瞰図と写真で見る1930年代

김용하, 도미이 마사노리, 도다 이쿠코

金龍河, 冨井正憲, 戸田郁子

土香

Preface

책머리에

인천은 1883년 개항과 더불어 근대문물이 급속도로 유입되어 형성된 근대도시다. 개항 후 50여 년이 지난 1930년대에는 도시기능도 갖추어졌다. 그 당시 모습을 세밀하게 기록한 조감도와 사진첩이 여기에 있다. 조선신문사가 1936년에 발행한 『대경성부대관(大京城府大觀)』과 1937년에 발행한 사진첩 『대경성도시대관(大京城都市大觀)』이다.

『대경성부대관』은 마치 항공사진에 수작업으로 색을 입힌 듯 건물 높이나 집 모양 등을 식별할 수 있는 입체감이 있어 일반적인 평면지도와 비교할 수 없는 매력을 가지고 있다. 그리고 사진첩 『대경성도시대관』은 면밀하게 촬영한 사진과 설명이 기록되어 있다.

한양대학교 도미이 마사노리 교수와 인천의 연구자 김용하 박사는 오랜 탐구 끝에 조감도가 어떻게 만들어졌는지를 알아내고, 조감도와 사진첩의 정보가 부합하는 것으로 미루어 두 작업이 자매편과 같은 성격이었다는 사실을 증명했다.

90년 전 도시를 기록하기 위해 예사롭지 않은 집념으로 진행되었던 두 가지 프로젝트 중 인천부분을 정리해서 펴낸 것이 『모던인천 시리즈1 - 조감도와 사진으로 보는 1930년대』이다.

이 책을 들고 인천 개항장 일대를 돌아보면 그 당시의 거리나 건물 모습이 상당히 많이 남아있다는 사실을 알 수 있을 것이다. 한국에서 가장 먼저 근대화가 시작된 도시 인천에는 지금도 그 흔적이 짙게 남아있다.

인천에서 도다 이쿠코
2025년 3월

はじめに

　仁川は1883年の開港と同時に、近代の文物が一気に流入して形成された近代都市だ。開港から50年たった1930年代には、都市の機能も充実していた。そのころの町の様子を、克明に記録した鳥瞰図と写真がある。朝鮮新聞社が1936年に発行した『大京城府大観』と、1937年に刊行した写真帖『大京城都市大観』だ。

　『大京城府大観』は、まるで航空写真に手書きで色を付けたかのように、建物の高さや家の様子まで識別することのできる立体感があり、一般的な平面の地図とは比べものにならない魅力を持っている。写真帖『大京城都市大観』には、都市をくまなく歩いて撮った数多くの建物の写真と解説とがある。

　漢陽大学の冨井正憲教授と仁川の研究者金龍河博士は長年かけて『大京城府大観』の成り立ちを調べ、その索引と写真帖の項目が符合することを確認し、二つが姉妹編の関係にあったことを明らかにした。

　90年前、都市を記録するために並々ならぬ執念で進められた二つのプロジェクトの、仁川の部分を並べて編んだのが本著だ。

　この本を手に仁川の町を歩いていただければ、当時の道や建物など、かなりの頻度で現存していることに驚くことだろう。朝鮮半島で最も早く近代化の始まったこの町には、今も近代の痕跡が色濃く残っている。

仁川にて戸田郁子
2025年3月

Contents

Part 1

- 2 책머리에
     はじめに
- 6 범례 및 주
     凡例および註
- 7 조감도편
     鳥瞰図編
- 8 대경성부대관 인천부
     大京城府大観仁川府
- 10 인천부 전체 색인도
     仁川府全体索引図
- 12 01 만석동, 화수동, 화평동, 송월동, 전동, 인현동, 북성동, 송학동, 내동, 용동, 선린동, 관동, 중앙동
     萬石町、新花水里、花平里、松坂町、山根町、龍岡町、花房町、山手町、内里、龍里、支那町、仲町、本町
- 14 02 송현동, 송림동, 금곡동, 창영동, 경동
     松峴里、松林里、金谷里、牛角里、外里
- 16 03 해안동, 항동, 신포동, 사동, 답동, 신생동
     海岸町、港町、新町、濱町、寺町、宮町
- 18 04 율목동, 유동, 신흥동, 도원동, 선화동
     栗木里、柳町、花町、桃山町、敷島町
- 20 A 북성동, 선린동   支那町、花房町
- 24 B 선린동, 중앙동, 해안동, 항동, 송학동, 관동
     支那町、本町、海岸町、港町、山手町、仲町
- 30 C 전동, 송학동, 관동, 중앙동, 인현동, 내동, 용동, 신포동, 답동
     山根町、山手町、仲町、本町、龍岡町、内里、龍里、新町、寺町
- 36 D 사동, 신생동   濱町、宮町
- 40 E 율목동, 유동, 신흥동, 선화동   栗木里、柳町、花町、敷島町
- 44 F 월미도   月尾島

조선상업은행 인천지점

47 **사진·해설편**
　写真・解説編

대경성도시대관 인천편
大京城都市大観仁川編

48　만석정 萬石町 (만석동)	76　내리 內里 (내동)	97　금곡리 金谷里 (금곡동)
50　송판정 松坂町 (송월동)	78　용강정 龍岡町 (인현동)	98　외리 外里 (경동)
52　화방정 花房町 (북성동)	80　용리 龍里 (용동)	98　율목리 栗木里 (율목동)
55　산근정 山根町 (전동)	81　신정 新町 (신포동)	98　류정 柳町 (유동)
56　산수정 山手町 (송학동)	83　사정 寺町 (답동)	99　화정 花町 (신흥동)
58　지나정 支那町 (선린동)	84　궁정 宮町 (신생동)	101　도산정 桃山町 (도원동)
59　중정 仲町 (관동)	88　빈정 濱町 (사동)	102　부도정 敷島町 (선화동)
62　본정 本町 (중앙동)	92　항정 港町 (항동)	104　주안 朱安 (주안동)
70　해안정 海岸町 (해안동)	96　송림리 松林里 (송림동)	105　장의리 長意里 (숭의동)

Part 2

106　80년의 시공을 넘은 재회　도미이 마사노리
110　80年の時空を超えた再会　冨井正憲

114　내 인생의 항로가 되었던 조감도　김용하
119　私の人生の航路となった鳥瞰図　金龍河

122　맺음말 おわりに　2025년 개정판에 대해서　도다 이쿠코
　　　　　　　　　　　　2025年改訂版について　戸田郁子

124　인천부 협찬자 색인　仁川府協賛者索引

125　색인　索引

128　자료　조선신문 1935년 8월 7일 5면
　　　　　　조선신문 1936년 8월 8일 2면
　　　資料　朝鮮新聞の広告記事

범례

┣━┫┣━┫	부 경계
━━━━	정,리 경계
┄┄┄┄	번지 경계
══════	철도와 궤도
━━○━━	전차와 정류소
━━▭━━	버스노선과 정류소
〒	우편국과 우편소
×	경찰서와 파출소
文	학교

주 註　일본인 상점과 인물은 일본식 발음으로 표기하였다. 다만 한국식으로 발음하기가 더 자연스러운 경우와 한국인이 운영하는 상점이름은 한국식 발음으로 표기했다.
지번은 김용하가 제작한 지적도를 바탕으로 확인했다.

ハングルでの読みは一部、韓国式の読みが一般化しているものを除いて、日本語読みで統一して表記した。ただし朝鮮人名や朝鮮人が経営した商店名については、韓国式の読みとした。
番地の特定は金龍河が制作した地籍図をもとに行った。

大京城府大觀

Part 1

1부
조감도편

鳥瞰図編

仁川府

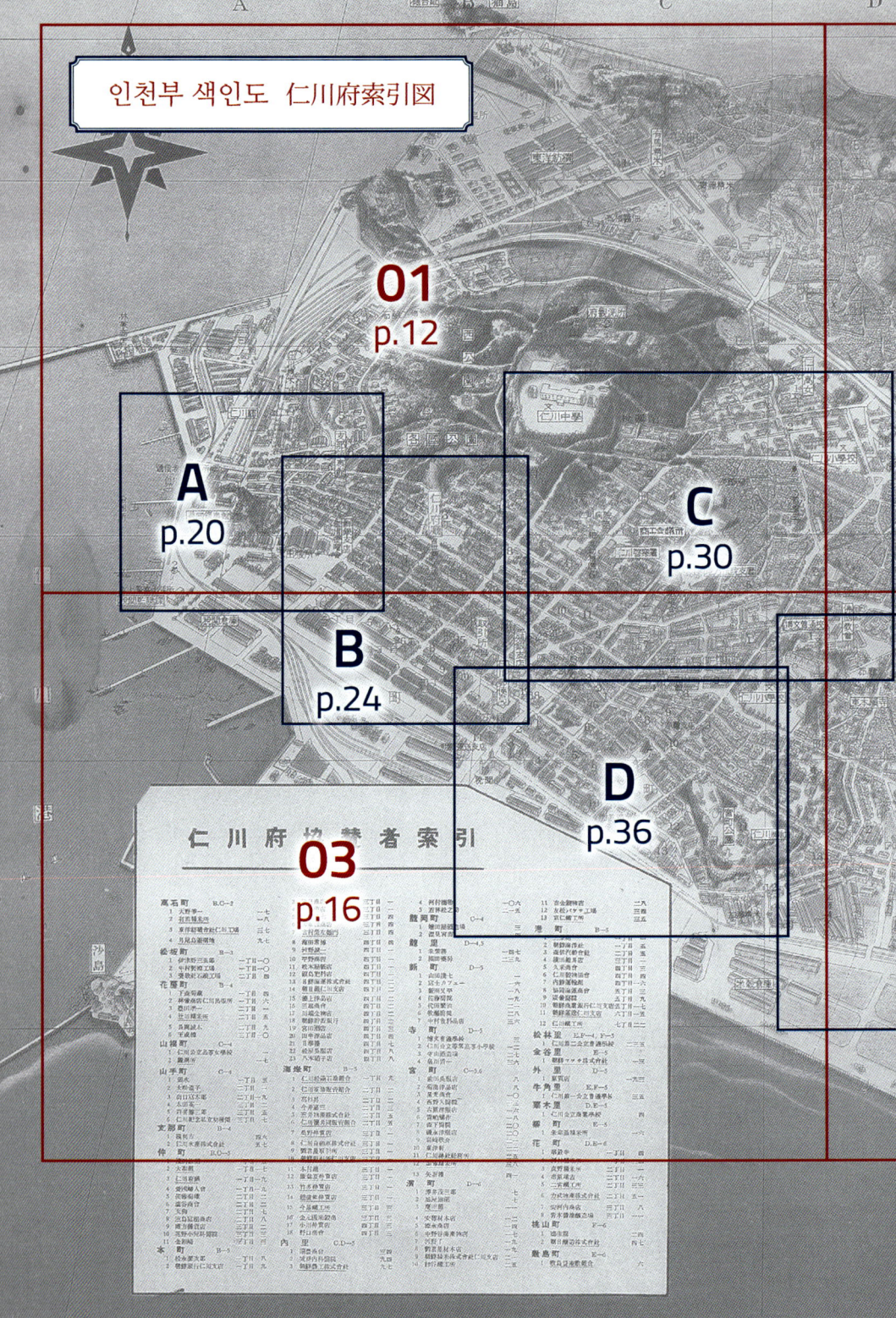

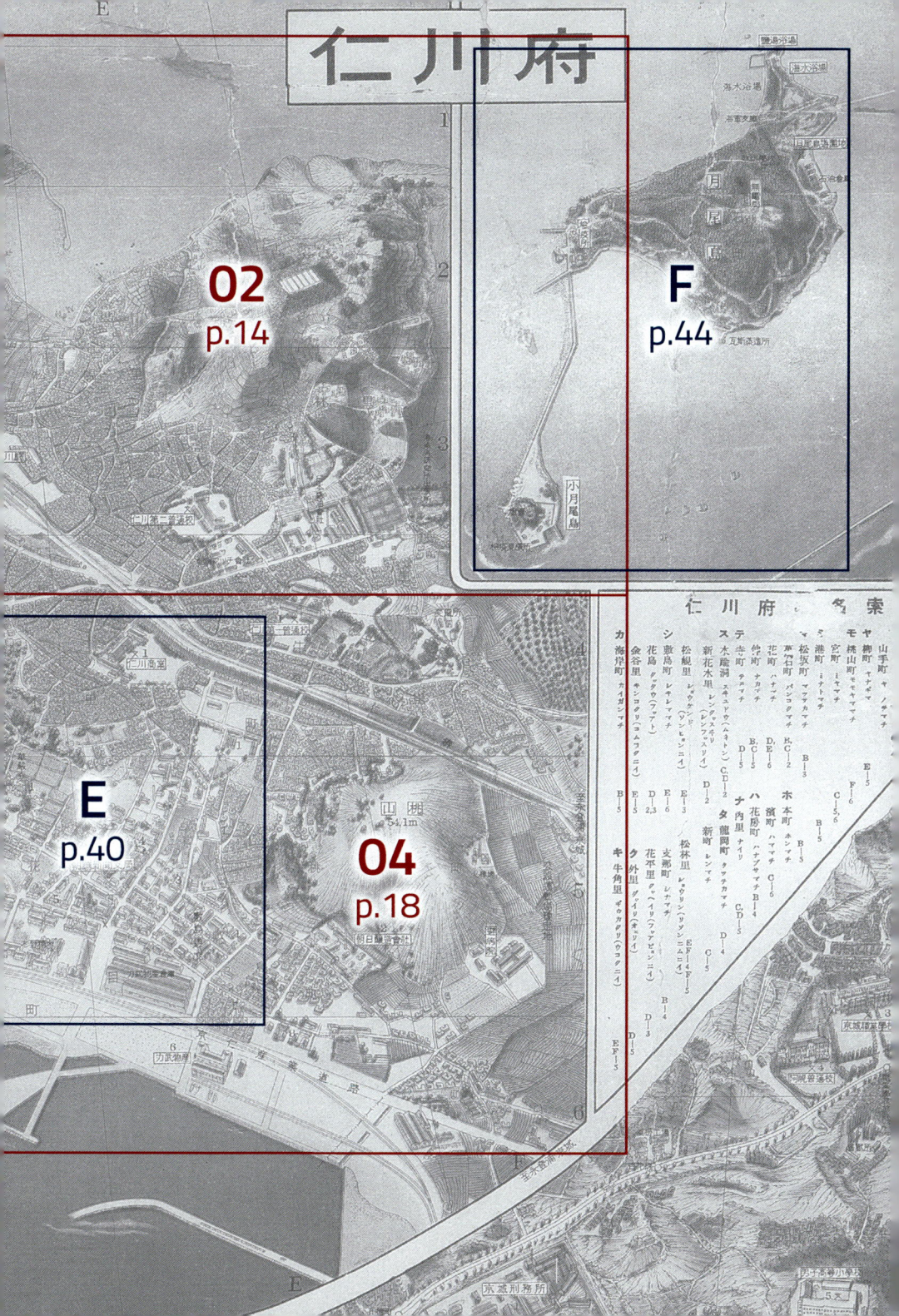

만석동, 화수동, 화평동, 송월동, 전동, 인현동
萬石町、新花水里、花平里、松坂町、山根町、龍岡町

01	02
03	04

1. 묘도 猫島
2. 인천제염소 仁川製塩所
3. 동양방직 東洋紡績
4. 아마노 슈이치 天野秀一
5. 아리마 정미소 有馬精米所
6. 사이토 정미소 齋藤精米所
7. 외국인묘지 外人墓地
8. 석유창고 石油倉庫
9. 다카스기 간장양조장 高杉醤油醸造所
10. 나카무라 통제조공장 中村製樽工場
11. 이즈노 상점 伊津野商店
12. 관측소 観測所
13. 하야시가네 상점 林兼商店
14. 시모모리 상점 下森商店
15. 도요타 주조장 豊田酒造場
16. 애경비누공장 愛敬石鹸工場
17. 츠지카와 정미소 辻川精米所
18. 존스톤별장 仁川閣
19. 각국공원(서공원) 各国公園(西公園)
20. 세관관사 税関官舎
21. 홍예문 虹霓門(穴門)
22. 검조소 検潮所
23. 영국영사관 英國領事館
24. 청국영사관 清国領事館
25. 인천부청 仁川府庁
26. 인천경찰서 仁川警察署
27. 지방법원지청 地方法院支庁
28. 내리교회 内里教会

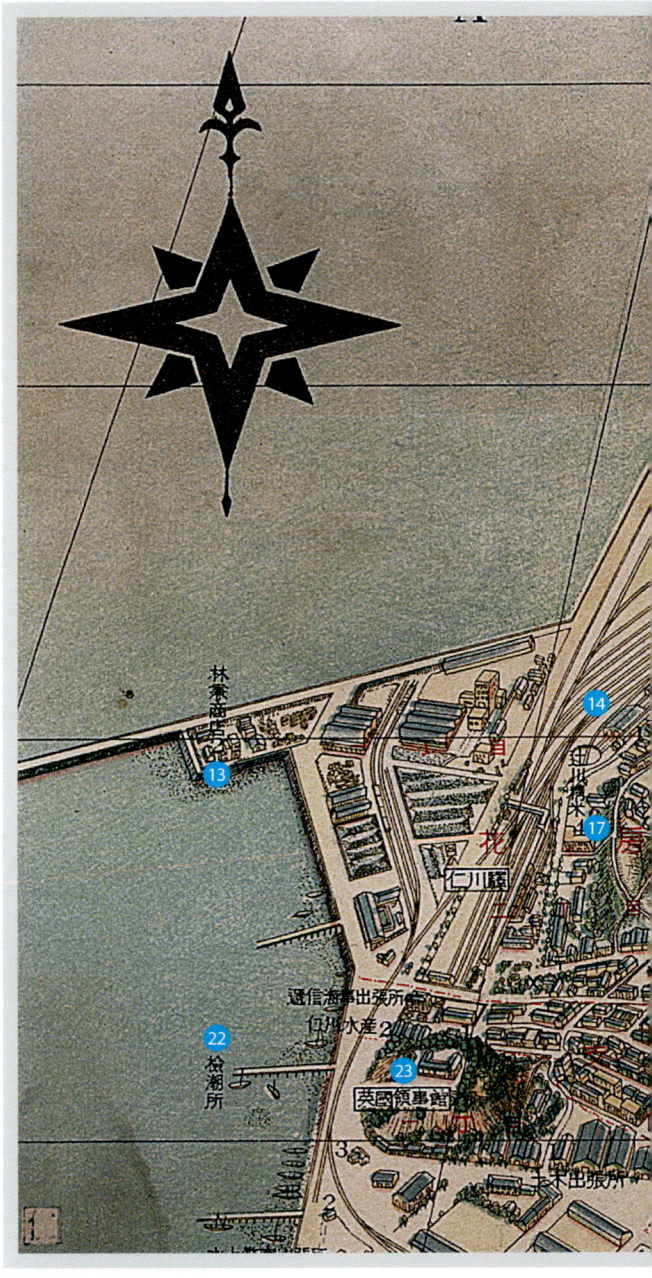

북성동, 송학동, 내동, 용동, 선린동, 관동, 중앙동
花房町、山手町、内里、龍里、支那町、仲町、本町

01	02
03	04

송현동, 송림동, 금곡동, 창영동, 경동
松峴里、松林里、金谷里、牛角里、外里

1 파출소 派出所
2 인천공립심상소학교
   仁川公立尋常小学校
3 우편소 郵便所
4 상인천역 上仁川駅
5 송현배수지 松峴配水地
6 송현산 56.7m 松峴山
7 인천제2보통학교 仁川第二普通学校
8 조선성냥공장 朝鮮マッチ工場
9 일본간장회사 日本醤油会社
10 전염병연구소출장소
   伝染病研究所出張所
11 검역출장소 検疫出張所
12 등대 灯台
13 소월미도 小月尾島
14 검역소 検疫所

02

仁川府

해안동, 항동, 신포동, 사동, 답동, 신생동
海岸町、港町、新町、濱町、寺町、宮町

01	02
03	04

1　세관감시과 税関監視課
2　세관창고 税関倉庫
3　축항선 築港線
4　조선취인소 朝鮮取引所
5　인천우편국 仁川郵便局
6　인천세관 仁川税関
7　인천공립심상고등소학교
　　仁川公立尋常高等小学校
8　묘각사 妙覚寺
9　인천신사 仁川神社
10　궁정공원(동공원) 宮町公園(東公園)
11　카토 정미소 加藤精米所
12　조선미곡창고 朝鮮米穀倉庫
13　인천철공소 仁川鉄工所

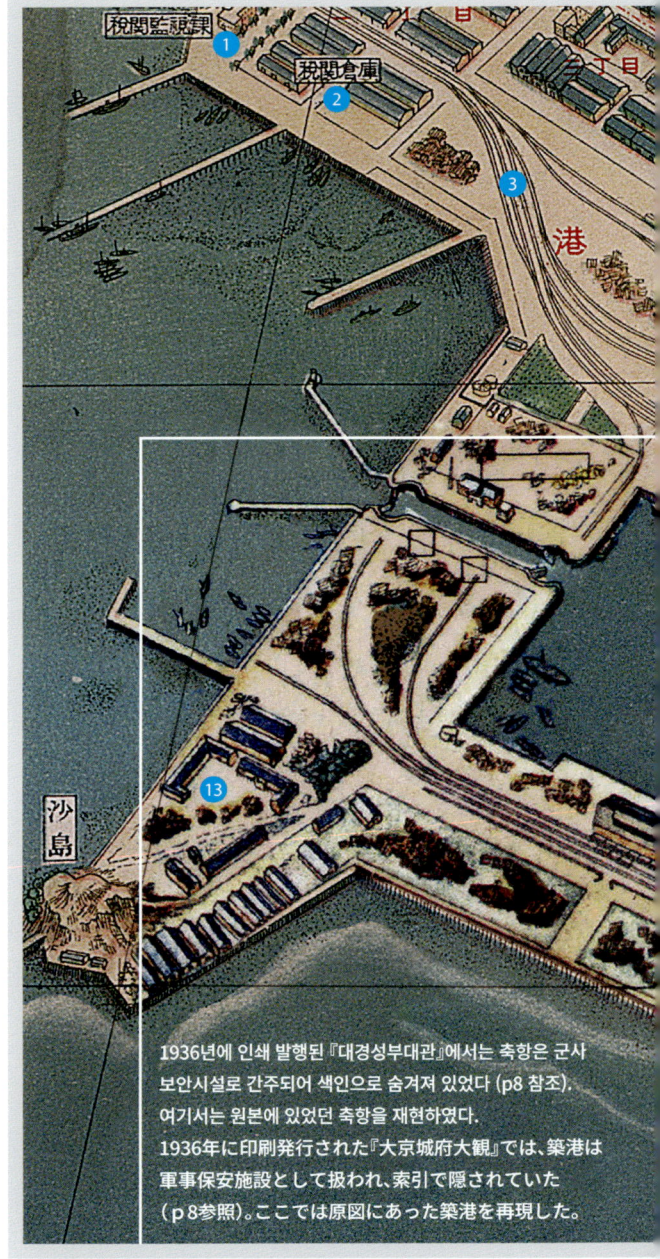

1936년에 인쇄 발행된 『대경성부대관』에서는 축항은 군사 보안시설로 간주되어 색인으로 숨겨져 있었다 (p8 참조). 여기서는 원본에 있었던 축항을 재현하였다.
1936年に印刷発行された『大京城府大観』では、築港は軍事保安施設として扱われ、索引で隠されていた（p8参照）。ここでは原図にあった築港を再現した。

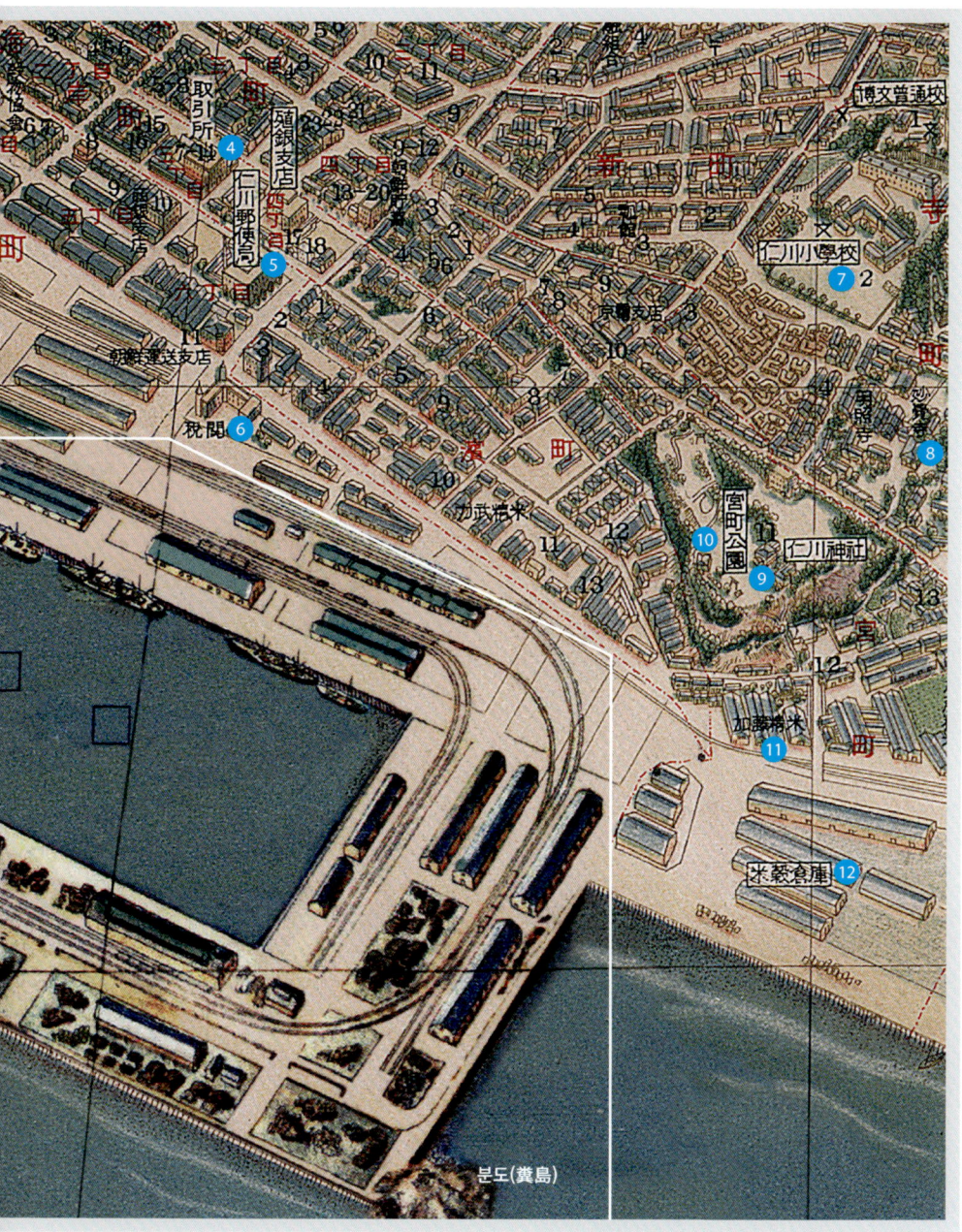

율목동, 유동, 신흥동, 도원동, 선화동
栗木里、柳町、花町、桃山町、敷島町

01	02
03	**04**

1 프랑스교회(답동성당)
 フランス教会(沓洞聖堂)
2 부천군청 富川郡庁
3 동본원사 東本願寺
4 오쿠다 정미소 奥田精米所
5 스기노 정미소 杉野精米所
6 리키타케 물산창고 力武物産倉庫
7 부도유곽 敷島遊廓
8 리키타케 물산 力武物産
9 경인산업도로 京仁産業道路
10 아사히 양조회사 朝日醸造会社
11 격리병원 避病院
12 공설운동장 예정지
 公設運動場予定地
13 화장터 火葬場
14 도산 54.1m 桃山
15 경인선철도 京仁線鉄道
16 변전소 変電所
17 인천제1공립보통학교
 仁川第一公立普通学校
18 주명기 정미소 朱命基精米所
19 인천공립상업학교
 仁川公立商業学校

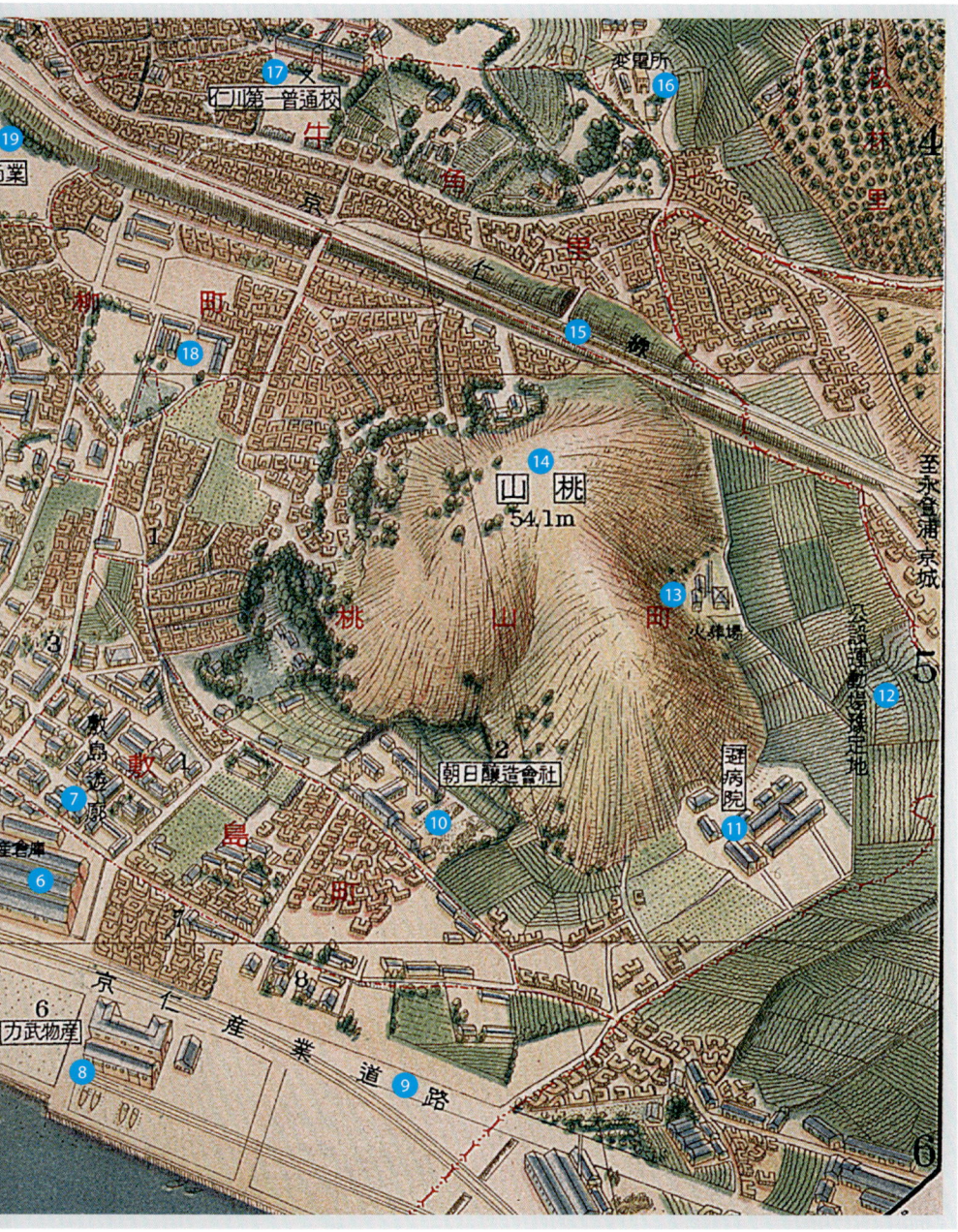

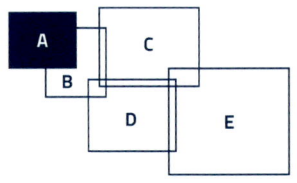

북성동　花房町
선린동　支那町

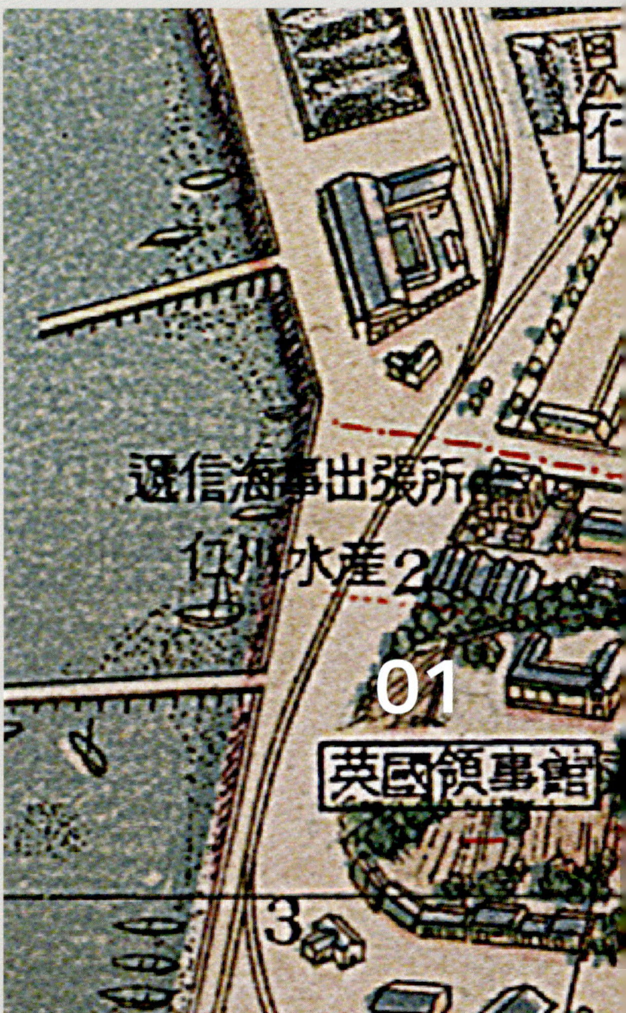

01

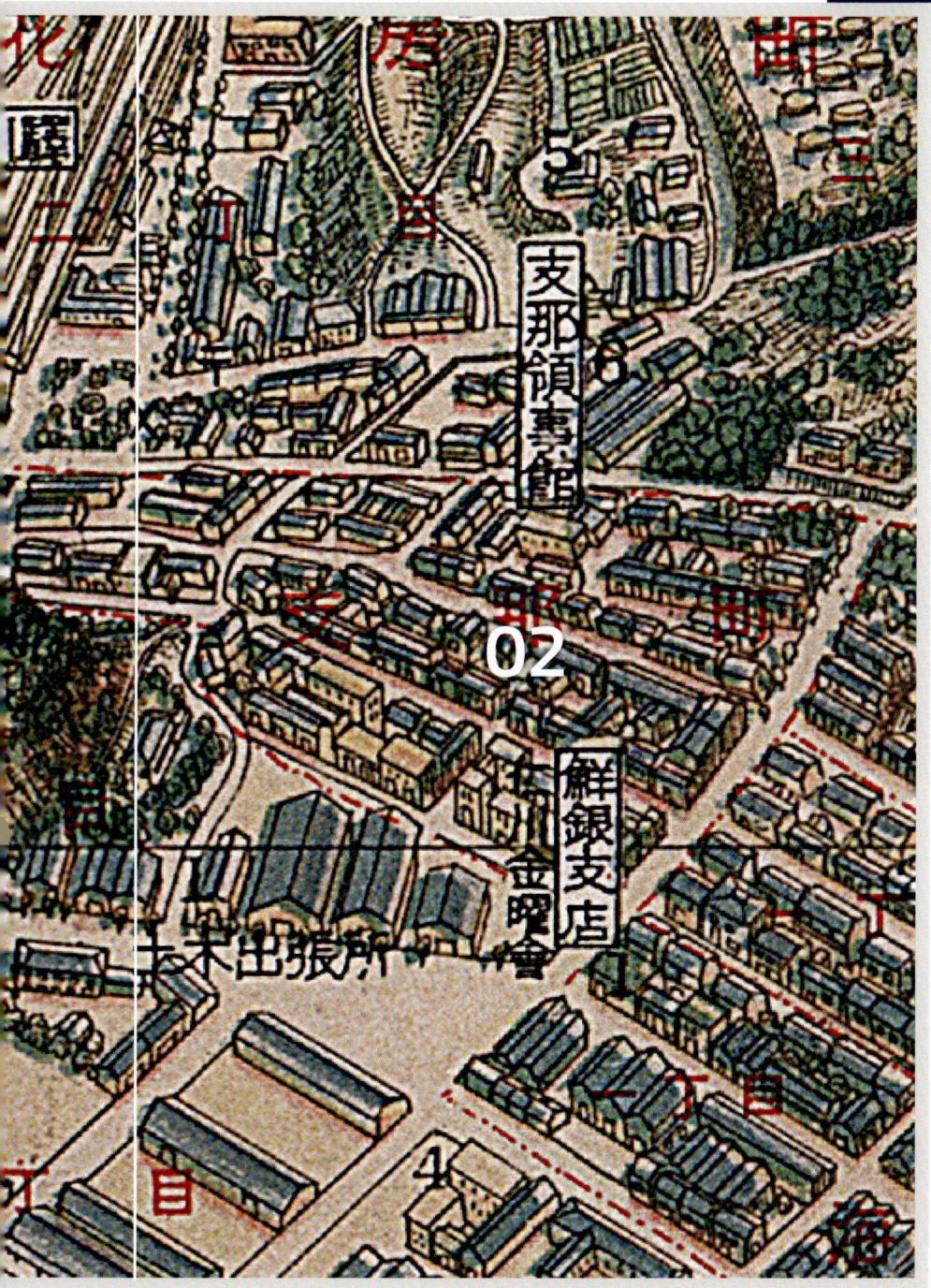

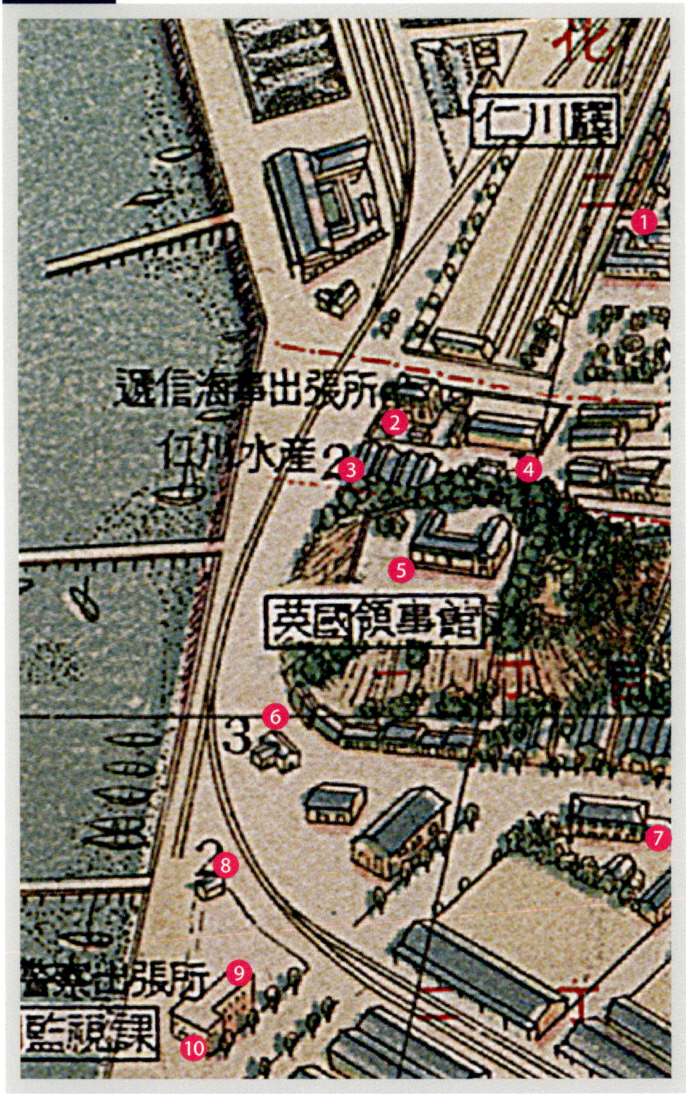

A01

1 인천역 仁川駅
2 체신해사출장소 逓信海事出張所
3 인천수산(주) 仁川水産
4 마키 상점 槇利市商店
5 영국영사관 英国領事館
6 모리노부 기선(주) 森信汽船
7 인천 토목출장소 仁川土木出張所
8 조선해양사 朝鮮海洋社
9 수상경찰출장소 水上警察出張所
10 세관감시과 税関監視課

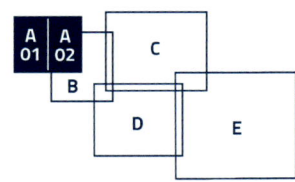

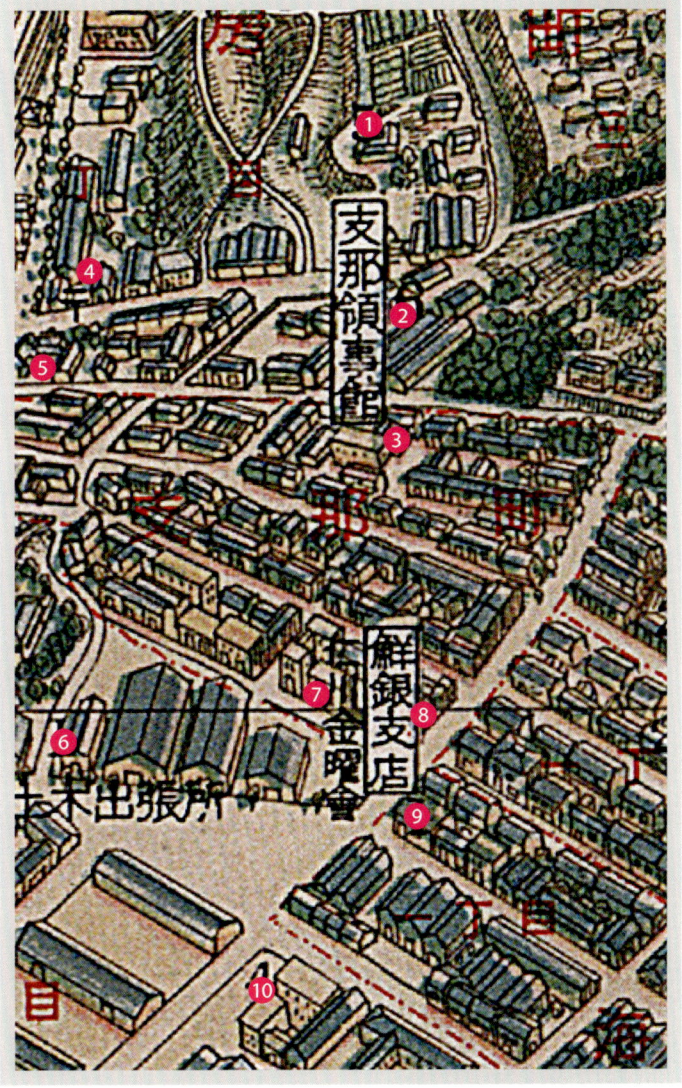

1	나가오카 상점 長岡商店	6	산에이구미 三栄組
2	왕성홍/동북공 王成鴻/同福公	7	인천금요회 仁川金曜会
3	청국영사관 清国領事館	8	조선은행 인천지점 朝鮮銀行
4	우편소 郵便所	9	인천송함석유조합 仁川松函石油組合
5	파출소 派出所	10	요코타 어구점 横田船具店

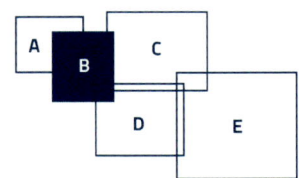

선린동	支那町
중앙동	本町
해안동	海岸町
항동	港町
송학동	山手町
관동	仲町

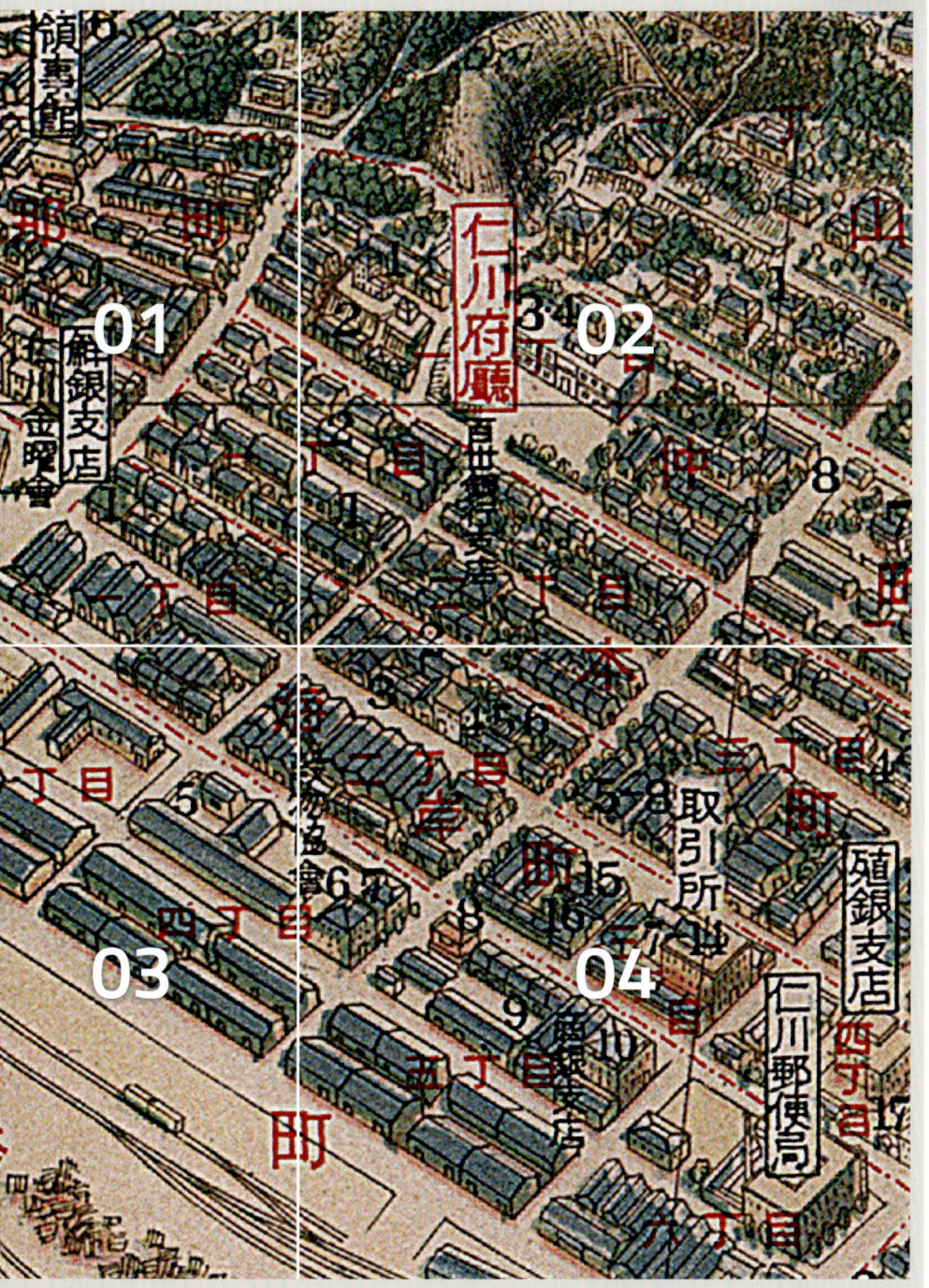

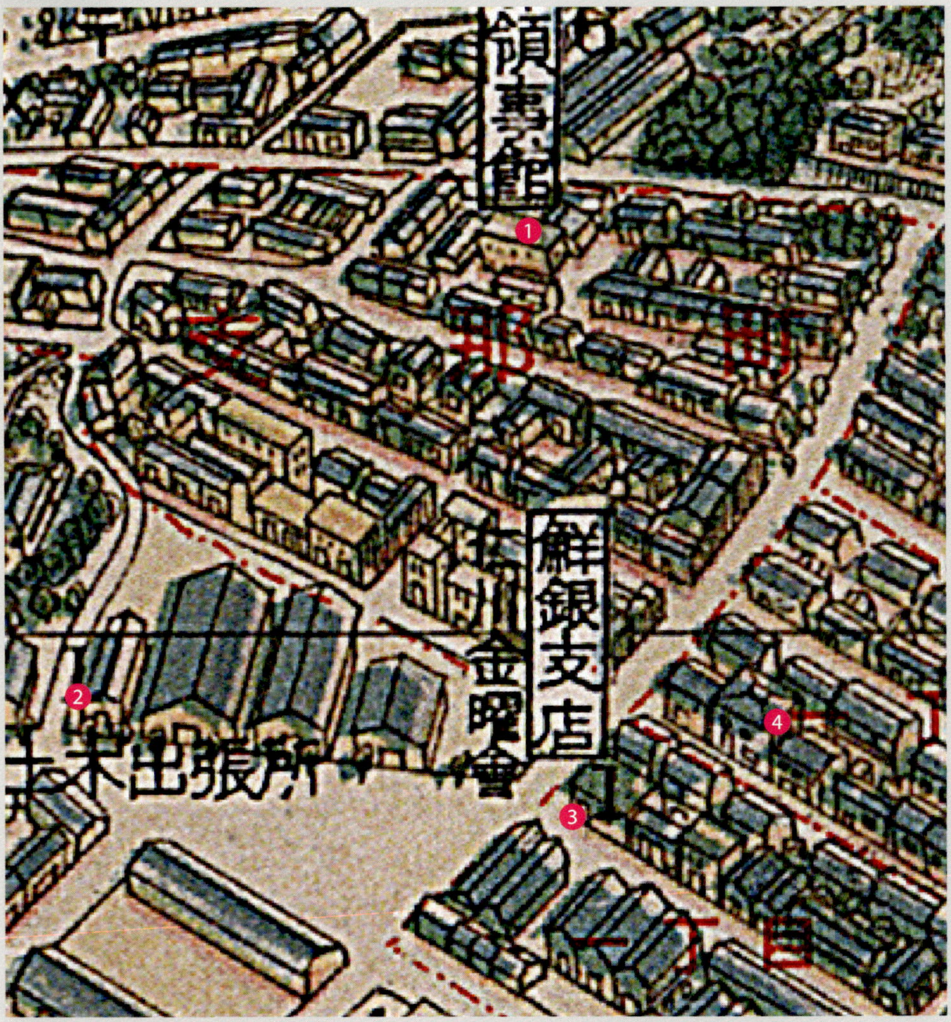

B01

1 청국영사관 清国領事館
2 산에이구미 三栄組
3 인천송함 석유조합 仁川松函石油組合
4 중화루(구 대불호텔) 中華楼(旧 大仏ホテル)

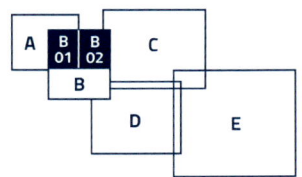

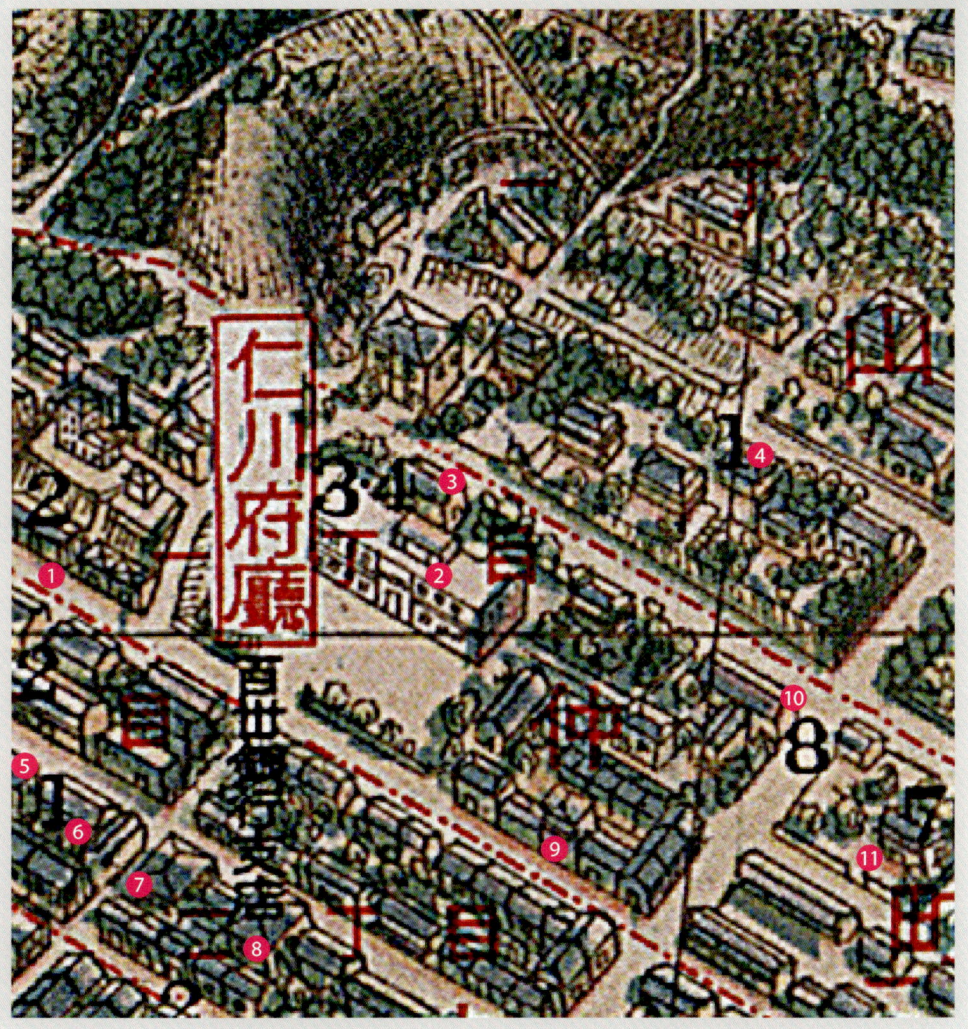

1	야마토구미 大和組	7	18은행 十八銀行
2	인천부청 仁川府庁	8	130은행지점 百三十銀行支店
3	애국부인회 愛国婦人会	9	아사오카 여관 淺岡旅館
4	긴수이(요리점) 銀水(料亭)	10	미시마 상점 三島商店
5	조선은행 인천지점 朝鮮銀行	11	텐구 天狗
6	마츠나가 상점 松永商店		

B03

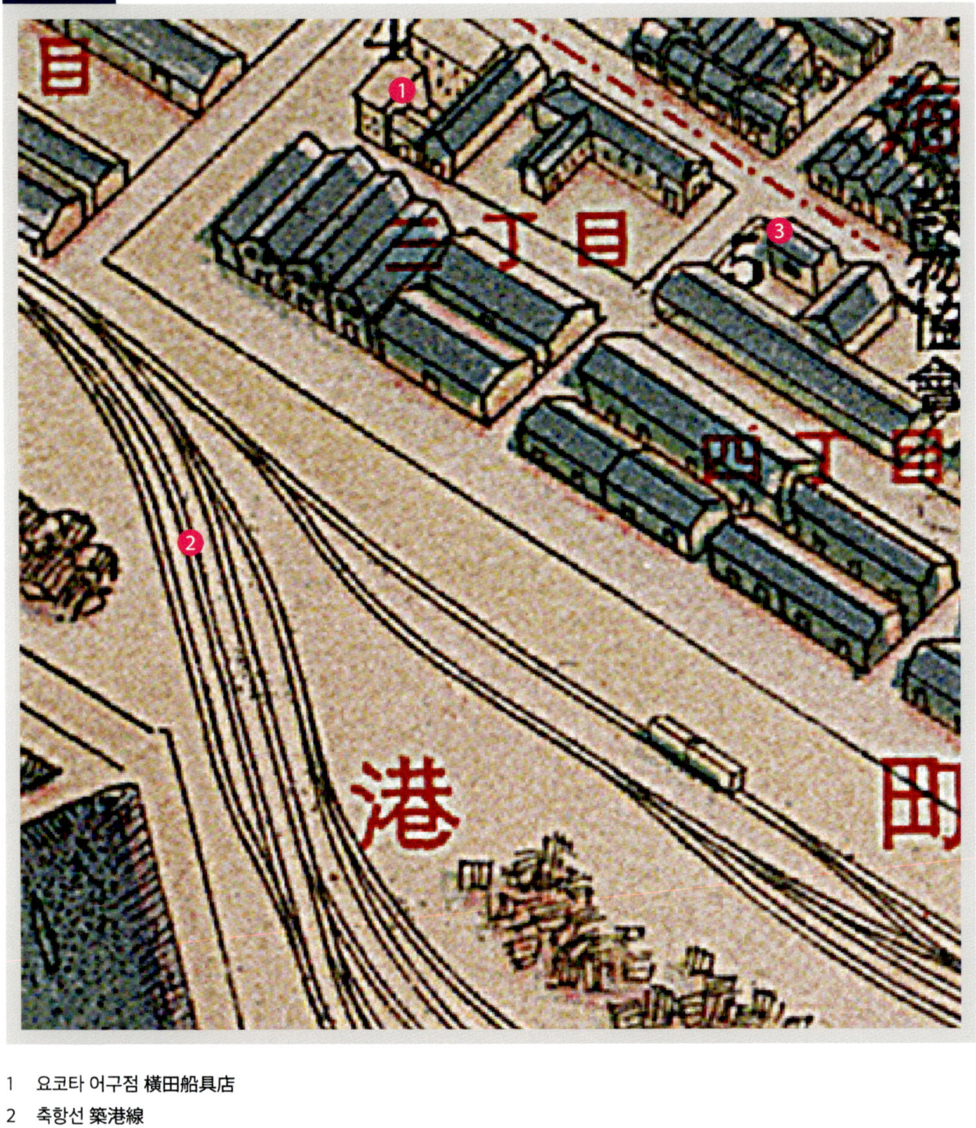

1 요코타 어구점 橫田船具店
2 축항선 築港線
3 구메 상회 久米商会

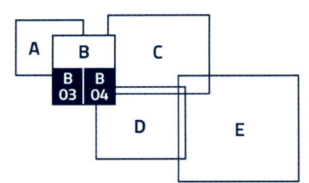

B04

1	다카스기 노보루 高杉昇	11	기타지마 약방 北島薬店	21	히로가네 이비인후과 廣兼耳鼻咽喉科
2	인천영유판매조합 仁川英油販売組合	12	구와노 중매점 桑野仲買店	22	조준호 중매점 趙俊鎬仲買店
3	미츠이 물산 三井物産	13	조선취인소 朝鮮取引所	23	강익하 중매점 康益夏仲買店
4	이마이 상점 今井商店	14	기무라구미 木村組	24	조선상업은행 朝鮮商業銀行
5	인천소금공동판매조합 仁川塩共同販売組合	15	인천자동차㈜ 仁川自動車	25	유군성 취인소 劉君星取引所
6	도이 키시치 상점 土居喜七商店	16	금성 철공소 金星鉄工所	26	다케다 취인소 竹多(カネメ)取引所
7	쿄이쿠샤 곡물비료부 共益社穀肥部	17	김원국 미곡상 金元国米穀商	27	인천우편국 仁川郵便局
8	요시무라 에자에몬 吉村栄左衛門	18	나이센 운수조 內鮮運輸組	28	오가와 중매점 小川仲買店
9	유래항 상점 柳來恒商店	19	인천곡물협회 仁川穀物協会	29	식산은행 殖産銀行
10	모치즈키 상점 望月商店	20	쿄도 해운상회 協同海運商㈜		

29

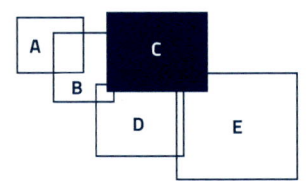

전동	山根町
송학동	山手町
관동	仲町
중앙동	本町
인현동	龍岡町
내동	內里
용동	龍里
신포동	新町
답동	寺町

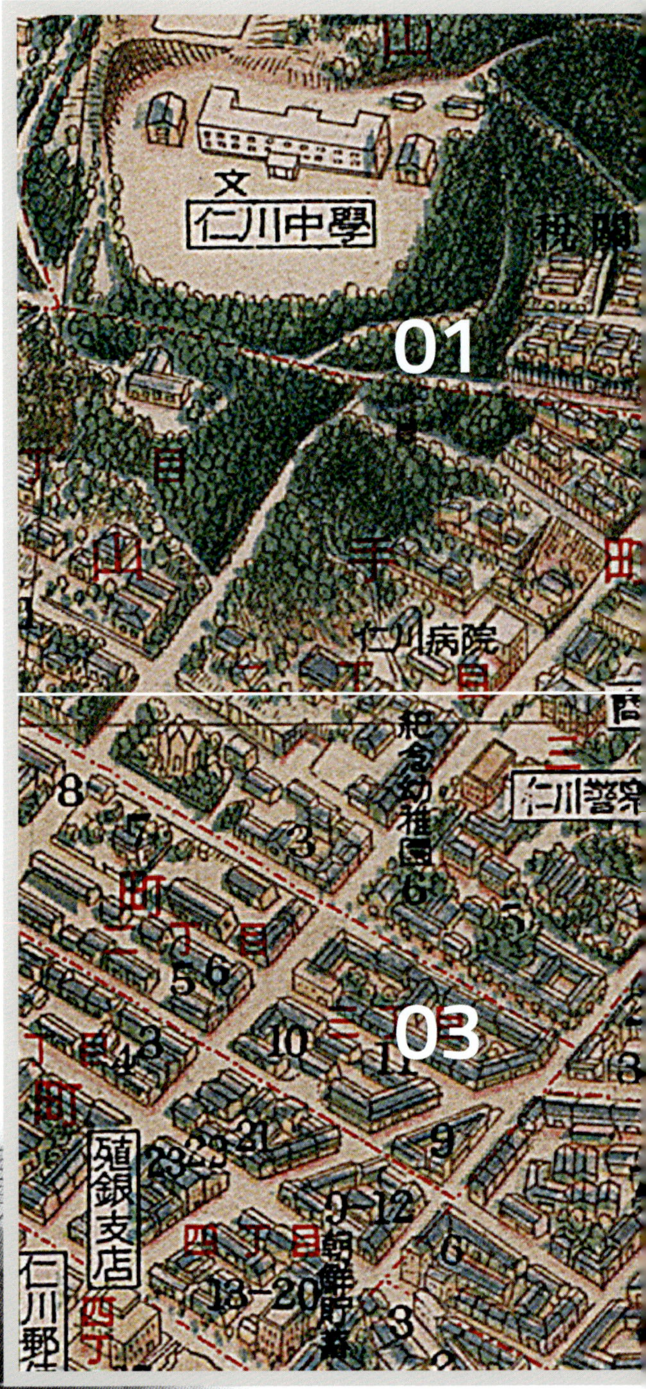

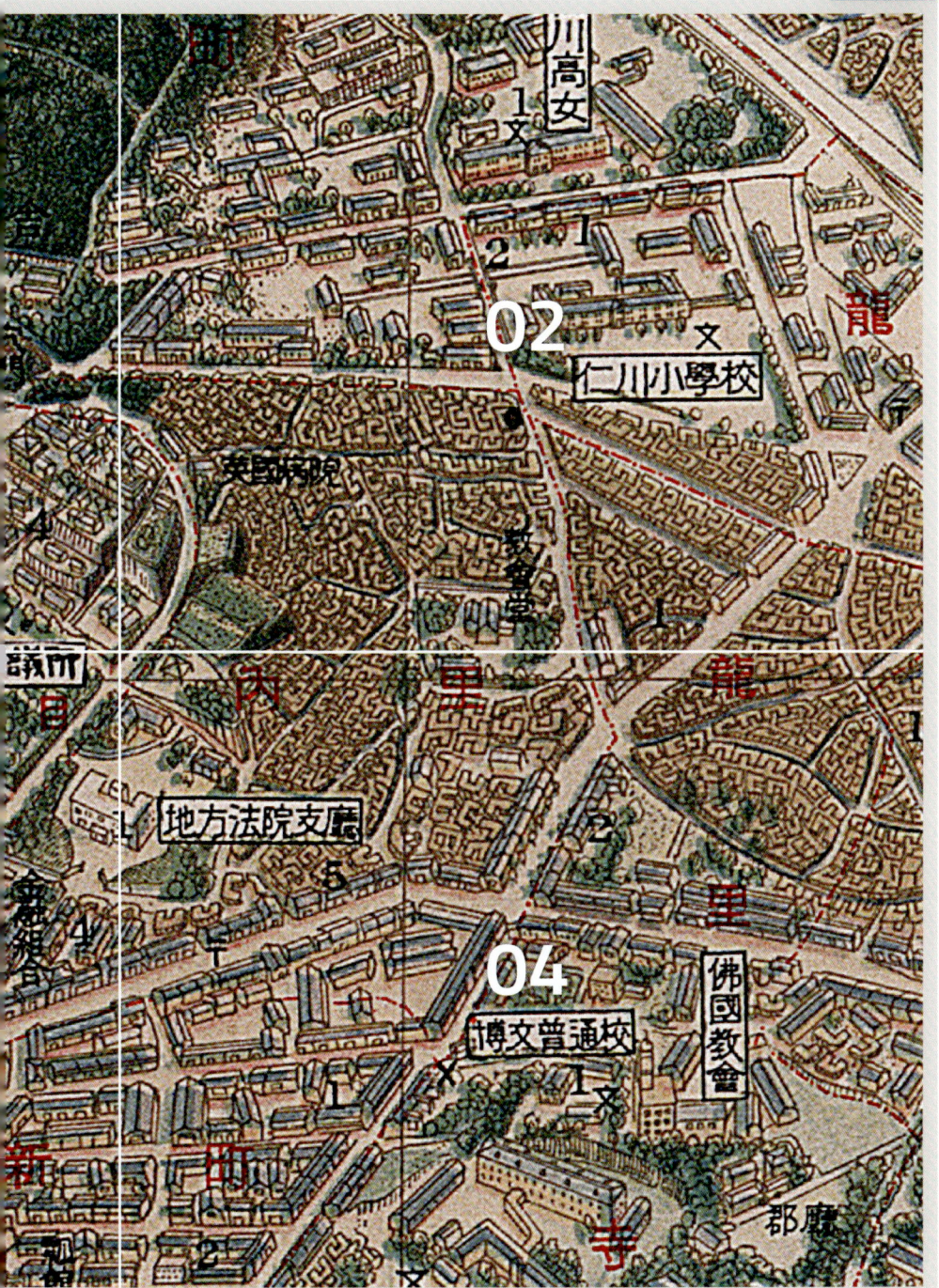

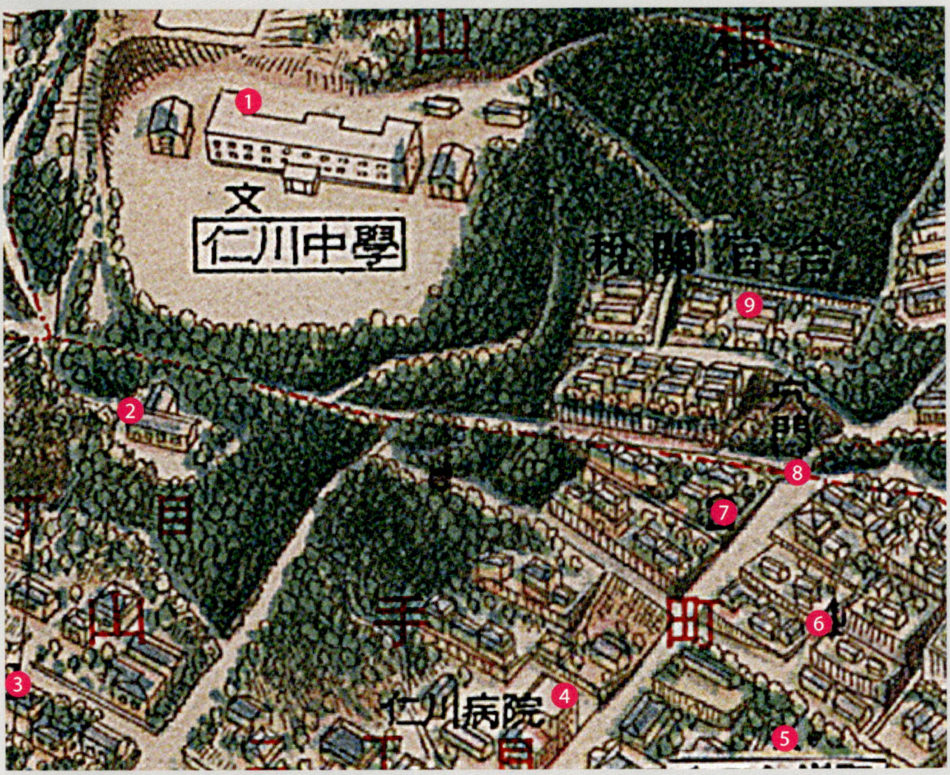

C01

1 인천공립중학교 仁川公立中學校
2 세창양행 사택 世昌洋行社宅
3 긴수이(요리점) 銀水(料亭)
4 인천병원 仁川病院
5 파출소 派出所
6 센요샤 扇洋社
7 우로코(요리점) うろこ(料亭)
8 혈문(홍예문) 穴門
9 세관관사 税関官舎

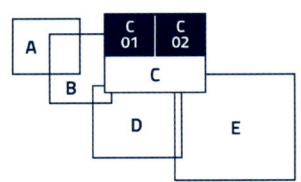

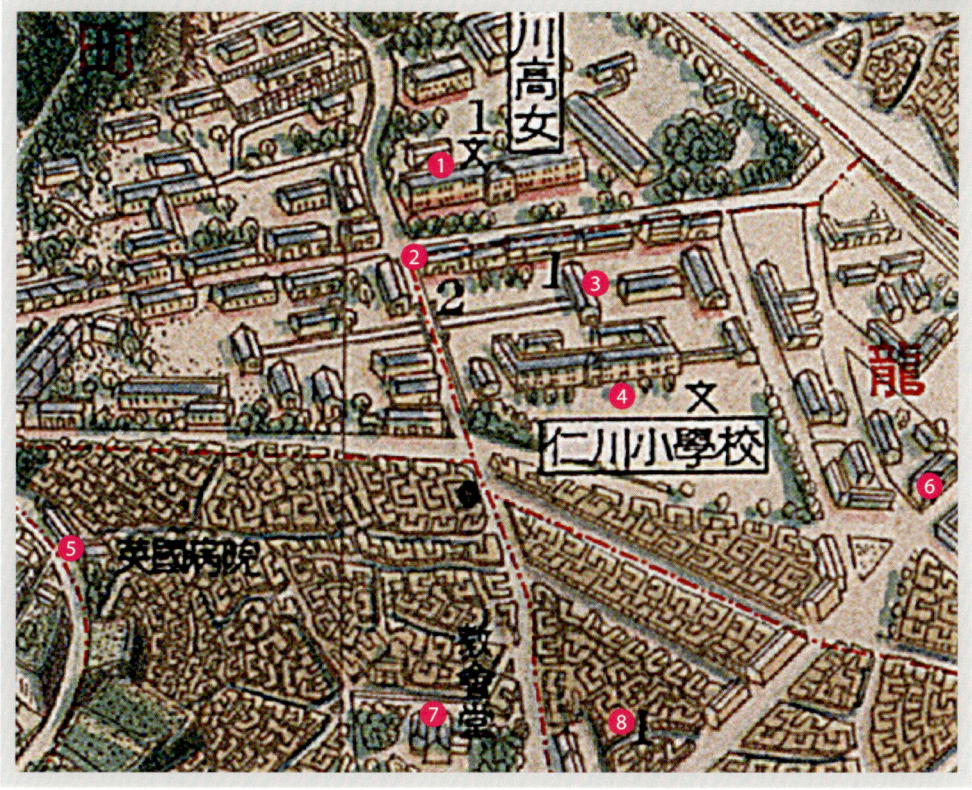

1　인천공립고등여학교 仁川公立高等女学校
2　후카미 양조장 深見醸造所
3　마스다야 주조장 増田屋酒造場
4　인천공립심상소학교 仁川公立尋常小学校
5　영국병원 イギリス病院
6　우편소 郵便所
7　내리교회 内里教会
8　구세의원(주영선) 救世医院(朱榮善)

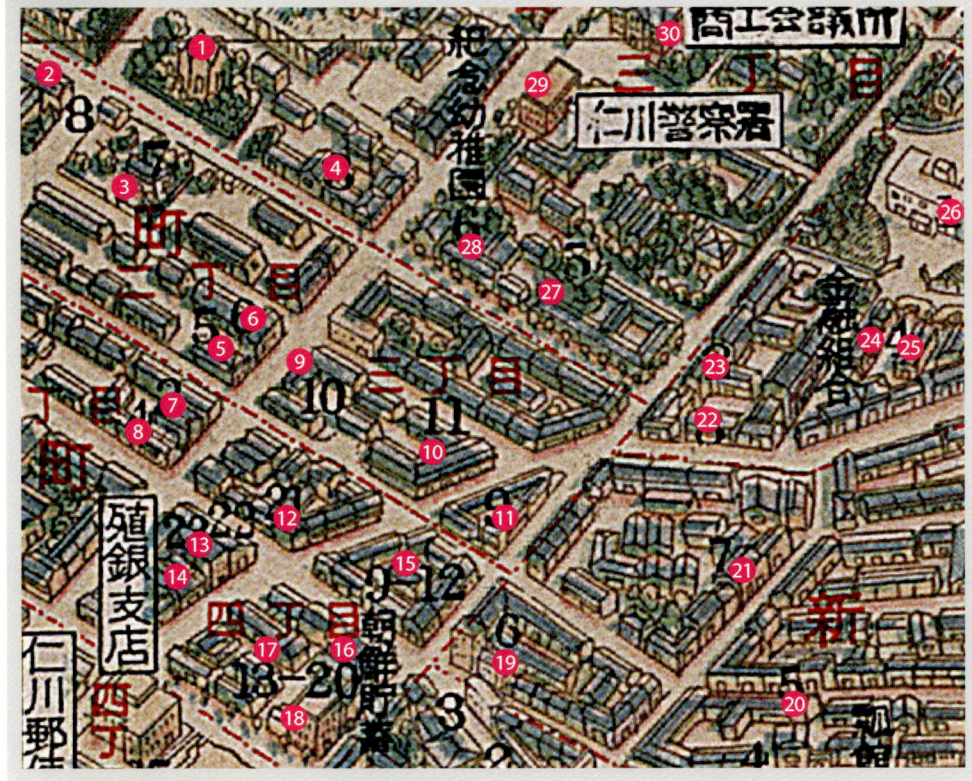

1 오레당 주택 吳禮堂住宅	15 고노 상점 河野商店	21 나카무라 카 식료품점 中村嘉食料品店
2 미시마 상점 三島商店	히라노 상점 平野商店	
3 긴수이(요리점) 銀水(料亭)	마츠모토야 지물점 松本屋紙店	22 조선농공(주) 朝鮮農工(株)
4 야마구치 상점 山口商店	후쿠시마 비료점 福島肥料店	23 키도 내과의원 城戸内科
5 사토 현물주식점 佐藤現物株式店	16 조선저축은행 朝鮮貯蓄銀行	24 금융조합 金融組合
6 시부야 상회 澁谷商会	17 아사히구미 朝日組	25 가와무라 상점 河村商店
7 모치즈키 상점 望月商店	우라가미 양복점 浦上洋服店	26 지방법원지청(구 감리서) 地方法院支庁(旧 監理署)
8 기타지마 약방 北島薬店	산키 상회 三起商會	
9 하나노 소아과 花野小児科	가와바타 철물점 川端金物店	27 이와이 병원 岩井病院
10 협성상회(김상기) 協成商會(金相琦)	미야타 주점 宮田酒店	28 인천기념공립유치원
11 미나카타 잡화점 南方雑貨店	다나카 양품점 田中洋品店	29 인천경찰서 仁川警察署
12 닛카 루 日華樓	18 닛센해운(주) 日鮮海運	30 상공회의소 商工会議所
13 마츠야 기모노점 松屋呉服店	19 마키세 의원 牧瀬医院	
14 야기 유리점 八木硝子店	20 다카오 인천지점 髙雄仁川支店	

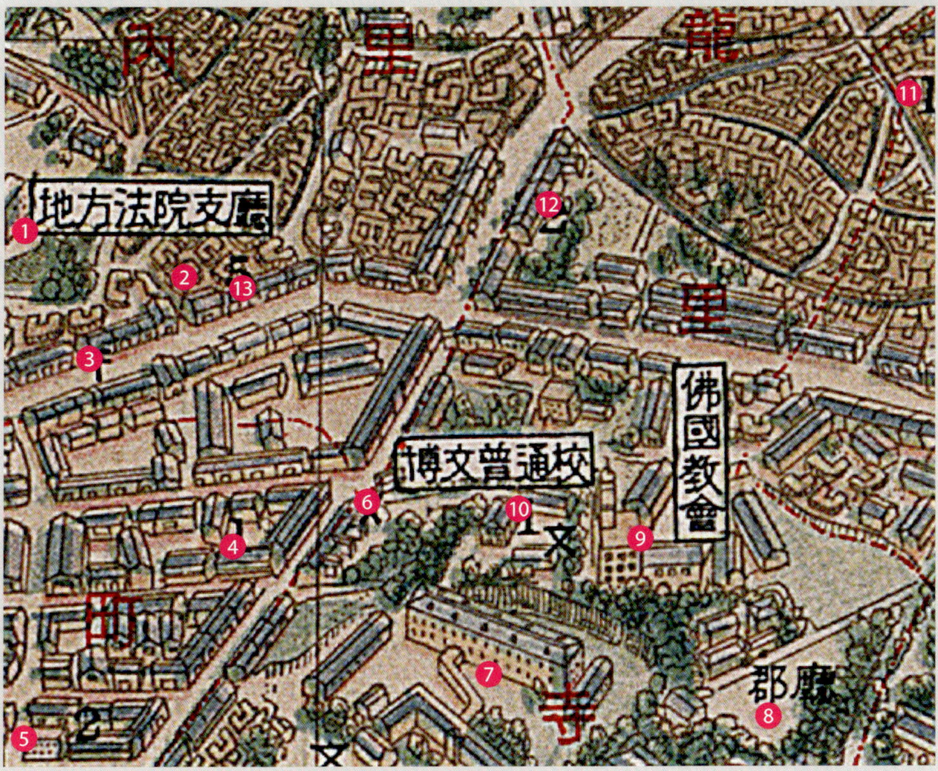

C04

1	지방법원지청(구 감리서) 地方法院支庁(旧 監理署)	8	부천군청 富川郡庁
2	개풍 상회 開豊商会	9	프랑스교회(답동성당) フランス教会
3	우편소 郵便所	10	박문보통학교 博文普通学校
4	야마다 센시치 山田淺七	11	하라 전당포 原質店
5	후지 까페 富士カフェー	12	요코타 약방 橫田薬店
6	파출소 派出所	13	와카바야시 상점 若林商店
7	인천공립심상고등소학교 仁川公立尋常高等小学校		

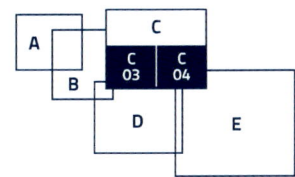

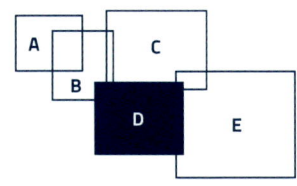

| 사동 | 濱町 |
| 신생동 | 宮町 |

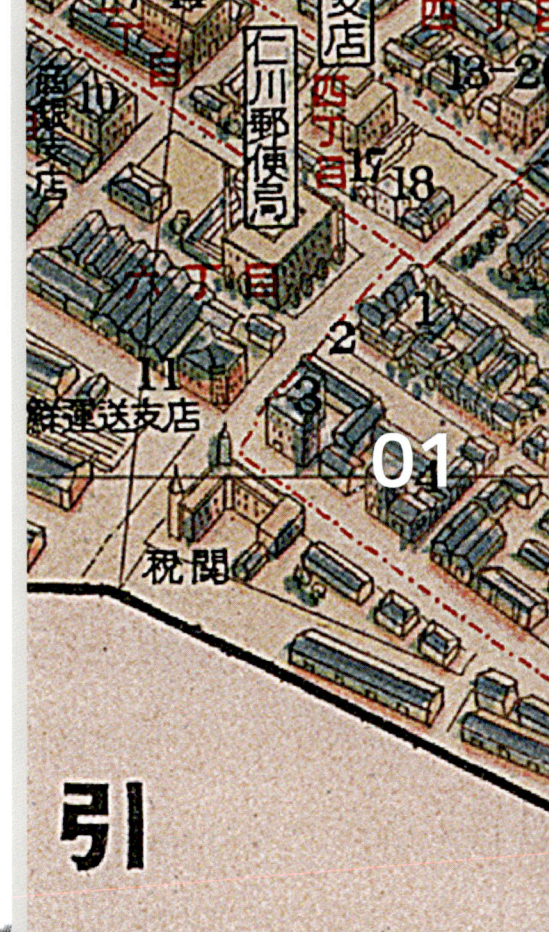

01

D01

1	노구치 상회 野口商会	12	구케야 철공소 絆谷鉄工所
2	오가와 중매점 小川仲買店	13	조선정미 朝鮮精米
3	식산은행 殖産銀行	14	도쿠나가 상점 德永商店
4	조선상업은행 朝鮮商業銀行	15	나카노야 상점 中野谷商店
5	인천우편국 仁川郵便局	16	아오시마 상점 青島商店
6	마루이치구미 운송점 丸一組運送店	17	후루하라 양복점 古原洋服店
7	아사히야 여관 旭屋旅館	18	니시노이리 병원 西野入病院
8	조선운송 朝鮮運送	19	마에다 기모노점 前田呉服店
9	케이타구미 慶田組	20	기쿠치 양품점 菊池洋品店
10	인천세관 仁川税関	21	호시미츠 상회 星光商会
11	안도 재목점 安藤材木店	22	마키세 의원 牧瀬医院

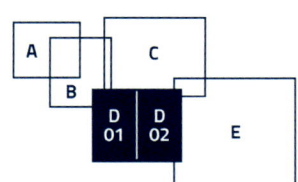

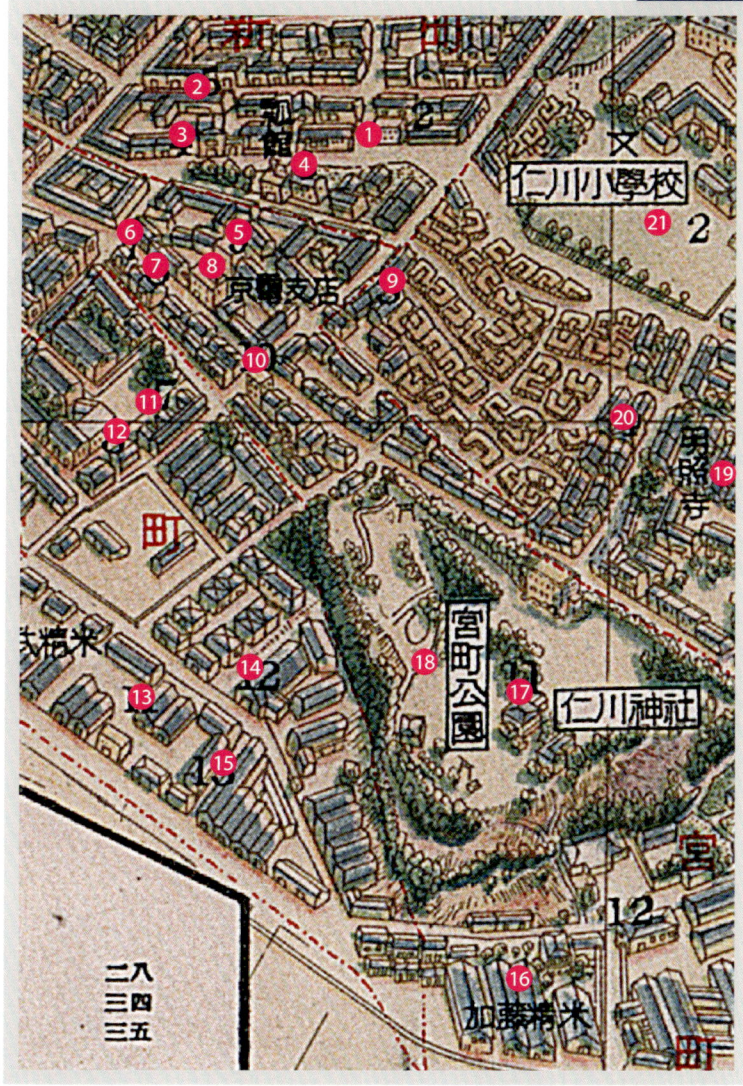

1	까페 후지 カフェー富士	
2	다카오 인천지점 高雄仁川支店	
3	사토 병원 佐藤病院	
4	표관 瓢館	
5	이와사키 상점 岩崎政介商店	
6	모리시타 의원 森下医院	
7	이소나가 양복점 磯永洋服店	
8	경성전기 인천지점 京城電気	
9	모리야마 주조장 守山酒造場	
10	동양헌 東洋軒	
11	고노 의원 河野医院	
12	유군성 재목점 劉君星材木店	
13	요시가네 곡물점 吉金穀物店	
14	도모마츠 바케츠공장 友松(丸ト)バケツ工場	
15	경인철공소 京仁鉄工所	
16	카토 정미소 加藤精米所	
17	인천신사 사무소 仁川神社社務所	
18	미야마치 공원(동공원) 宮町公園(東公園)	
19	명조사 明照寺	
20	이즈미카와 세이치 泉川淸一	
21	인천공립심상고등소학교 仁川公立尋常高等小学校	

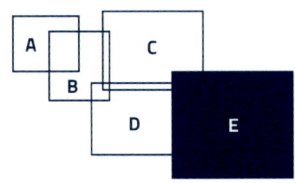

율목동	栗木里
유동	柳町
신흥동	花町
선화동	敷島町

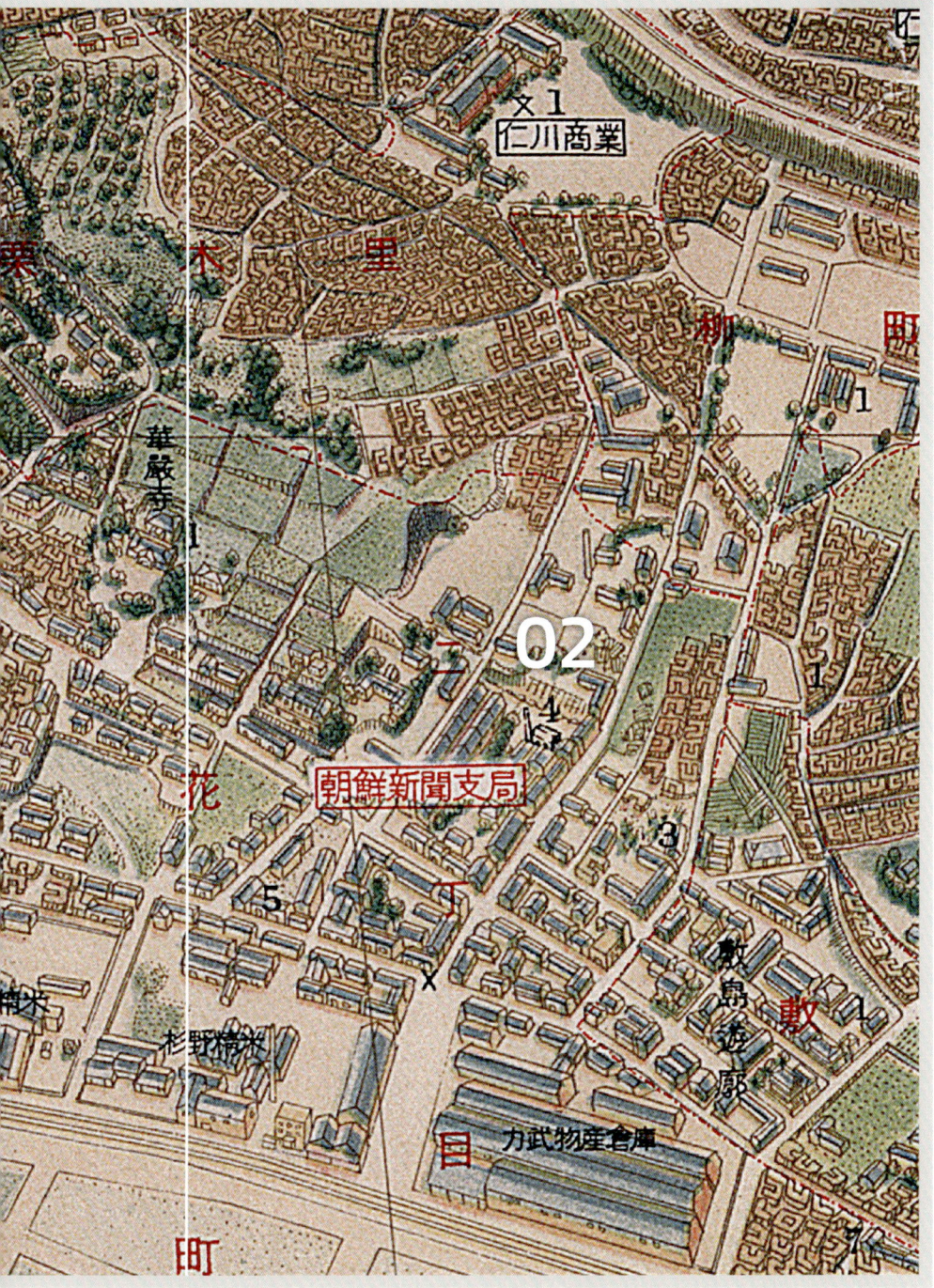

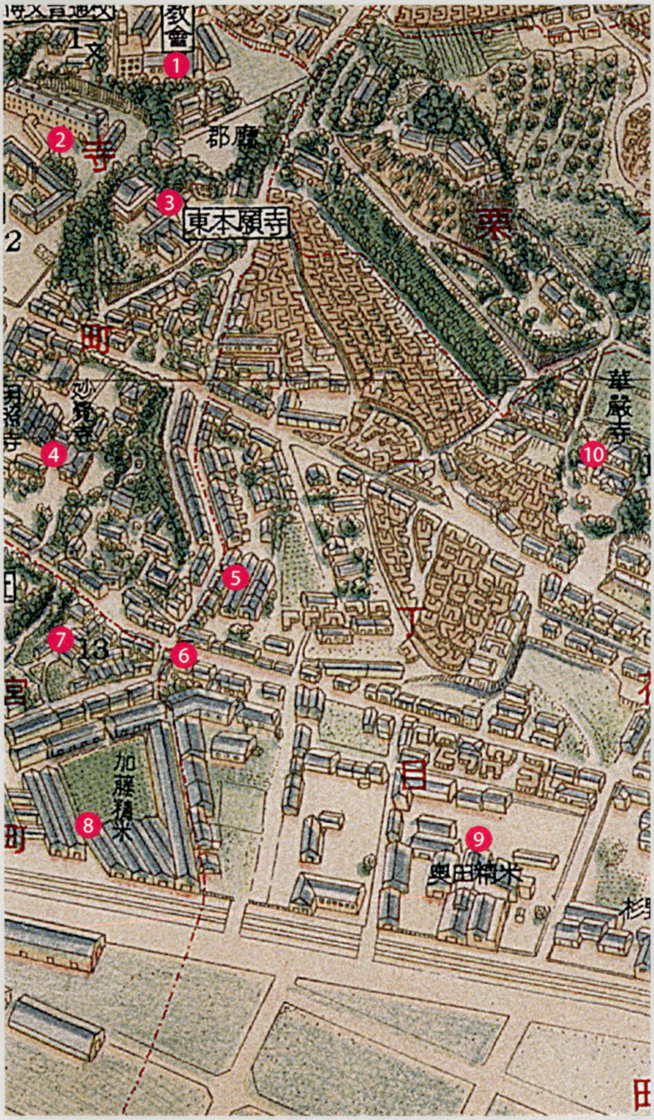

E01

1. 프랑스교회(답동성당)
   フランス教会
2. 인천공립심상고등소학교
   仁川公立尋常高等小学校
3. 동본원사 東本願寺
4. 묘각사 妙覚寺
5. 가와무라 정미소
   河村精米所
6. 우편소 郵便所
7. 야사카 루 矢坂樓
8. 카토 정미소
   加藤精米所
9. 오쿠다 정미소
   奥田精米所
10. 화엄사 華厳寺

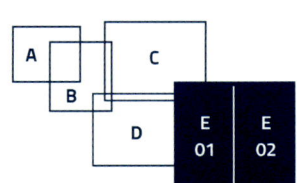

#		
1	조선신문 인천지국	朝鮮新聞仁川支局
2	니노미야 철공소	二宮鉄工所
3	파출소	派出所
4	스기노 정미소	杉野精米所
5	요시키 간장양조장	吉木醬油醸造所
6	리키타케 물산창고	力武物産倉庫
7	야스고치 상점	安河內商店
8	부도유곽업조합	敷島貸座敷組合
9	부도유곽	敷島遊廓
10	나오노 정미소	直野精米所
11	다카미츠 주조장	高三酒造場
12	덕생원	德生院
13	주명기 정미소	朱命基精米所
14	인천공립상업학교	仁川公立商業学校

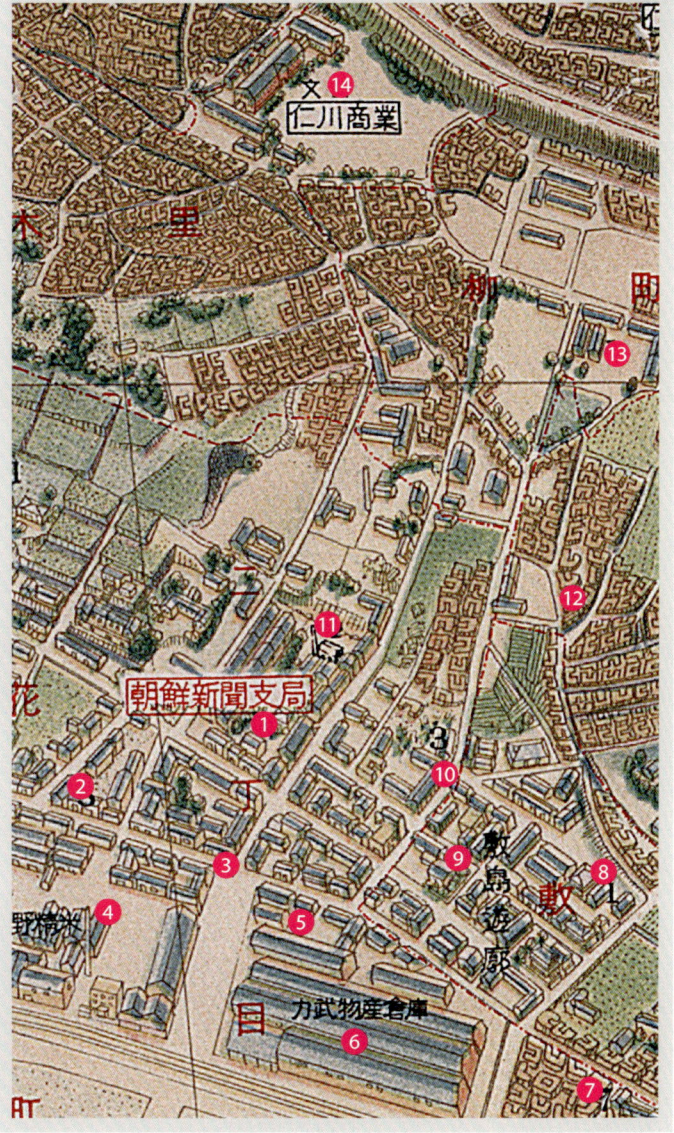

F 월미도 月尾島

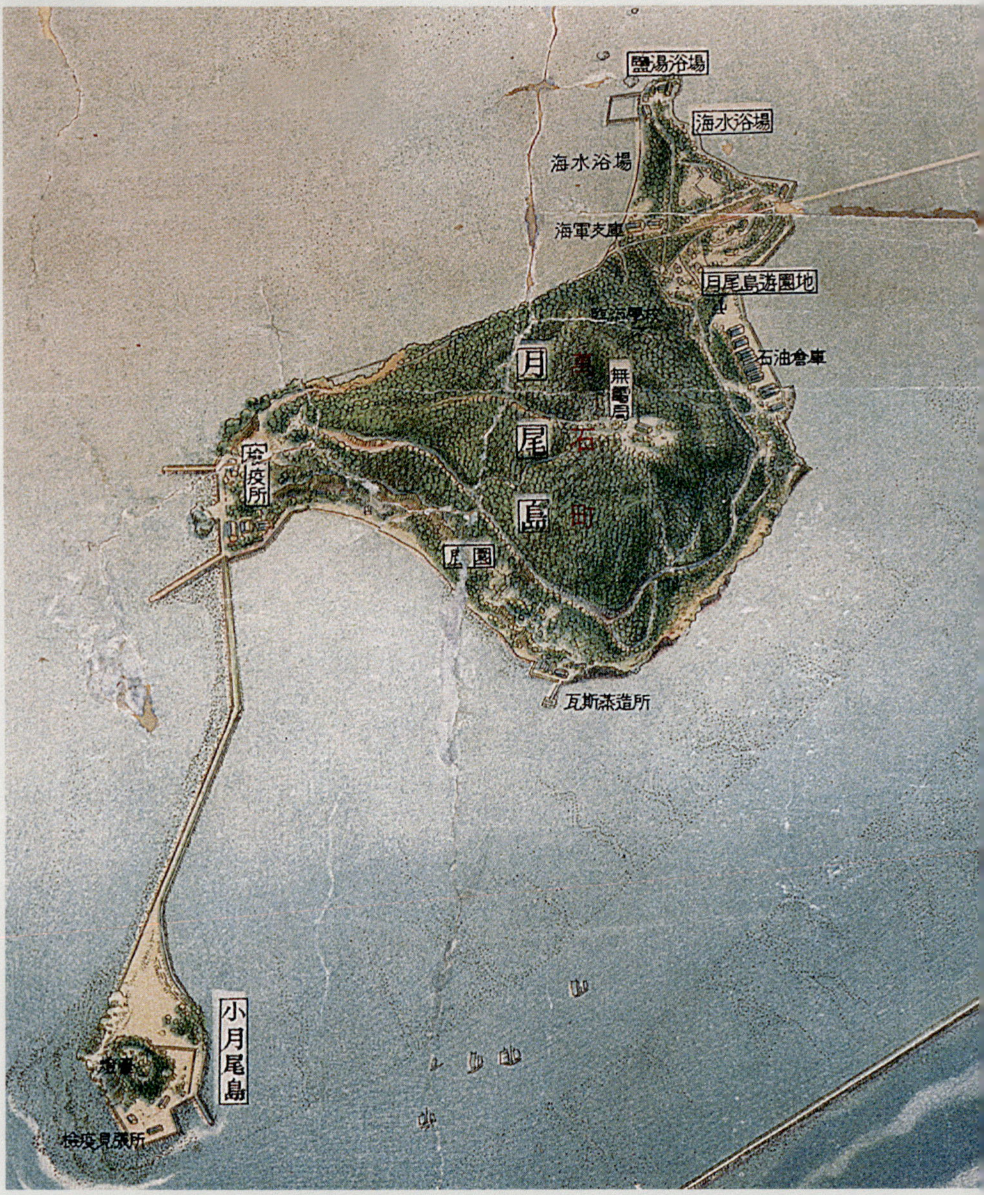

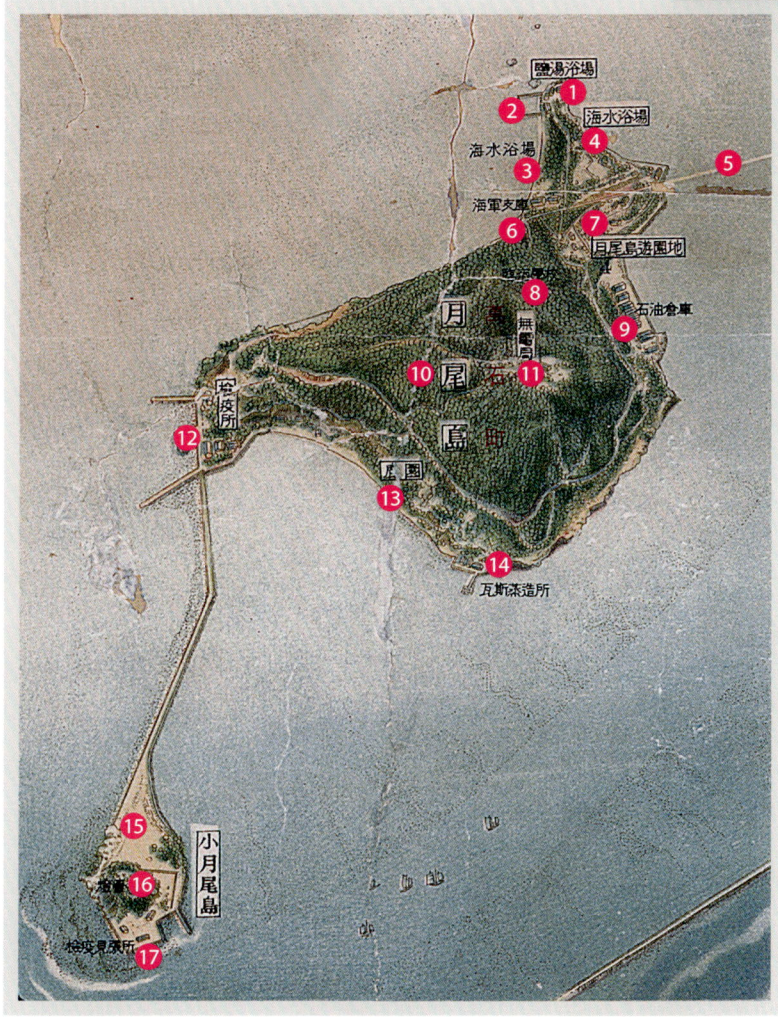

1	조탕 潮湯浴場	7	월미도 유원지 月尾島遊園地	11	무전국 無電局
2	풀장 臨海プール			12	검역소 檢疫所
3	해수욕장 海水浴場	8	인천임해학교 仁川臨海学校	13	사슴공원 鹿園
4	해수욕장 海水浴場			14	가스 제조소 ガス蒸造所
5	제방도로 堤防道路	9	석유창고 石油倉庫	15	소월미도 小月尾島
6	해군창고 海軍倉庫	10	월미도 月尾島	16	등대 灯台
				17	검역출장소 檢疫見張所

Part 2
Contents

47 **대경성도시대관 인천편**
大京城都市大観仁川編

48 만석정 萬石町 (만석동)	*76* 내리 內里 (내동)	*97* 금곡리 金谷里 (금곡동)
50 송판정 松坂町 (송월동)	*78* 용강정 龍岡町 (인현동)	*98* 외리 外里 (경동)
52 화방정 花房町 (북성동)	*80* 용리 龍里 (용동)	*98* 율목리 栗木里 (율목동)
55 산근정 山根町 (전동)	*81* 신정 新町 (신포동)	*98* 류정 柳町 (유동)
56 산수정 山手町 (송학동)	*83* 사정 寺町 (답동)	*99* 화정 花町 (신흥동)
58 지나정 支那町 (선린동)	*84* 궁정 宮町 (신생동)	*101* 도산정 桃山町 (도원동)
59 중정 仲町 (관동)	*88* 빈정 濱町 (사동)	*102* 부도정 敷島町 (선화동)
62 본정 本町 (중앙동)	*92* 항정 港町 (항동)	*104* 주안 朱安 (주안동)
70 해안정 海岸町 (해안동)	*96* 송림리 松林里 (송림동)	*105* 장의리 長意里 (숭의동)

주 註 사진·해설편은 조감도 색인에 따라 동(정)별로 그 내용을 다시 정리하였다. 사진첩 [대경성 도시대관]은 원래 업종별로 정리가 되어있었다.
해설은 사진첩의 정보를 번역한 것이며 원본의 오류된 부분은 일문 뒤에 빨간 글씨로 표기했다.
추가된 글은 『경성 인천 직업 명감』(1926년 발행) 등 자료를 참고로 해서 보충한 것이다.

写真・解説編は、鳥瞰図の索引どおり町名別に内容を整理した。写真帖『大京城都市大観』は本来、業種別に整理されていた。
日本語の解説は写真帖をそのまま使い、明らかな誤植は赤字で訂正を加えた。
解説に追加した文は1926年に発行された『京城・仁川職業名鑑』などを参考にした。

大京城都市大觀

Part 2
2부 사진·해설편
写真・解説編

仁川 編

仁川の部

○神社、⋯⋯
○諸會社⋯⋯三井物産仁川出張所、朝鮮窯業株式會社⋯(13)
力武物産株式會社、朝鮮農工株式會社、同福公、日本製粉仁川工場、京城電氣株式會社仁川支店⋯(14)
○銀行⋯⋯朝鮮銀行、殖産銀行、朝鮮商業銀行、朝鮮貯蓄銀行⋯(15)
○株式店⋯⋯朝鮮取引所仁川支店、カネメ取引店、東亞證券株式會社仁川支店⋯(16)
○諸會社⋯⋯
○料理屋、貸座敷⋯⋯
○旅館、藥房、常設館⋯⋯旭屋旅館、淺閣旅館、北島藥店、星光商會、横田藥房、飄館⋯(17)
○油類⋯⋯仁川松園石油組合、仁川英油販賣組合、横田商店、久米商會⋯(18)
○土木建築諸材料⋯⋯天野秀一、劉君星木材部、安藤材木店、泉川清一⋯(19)
○精米業⋯⋯加藤精米所、有馬精米所、澁谷商會、安河内商店、株式會社共益社穀肥部、吉金商店⋯(20)
○運送店⋯⋯
○食料品⋯⋯朝鮮醸造株式會社、仁川鹽共同販賣組合、合資會社河野商店、佐藤吳服店、柳來恒商店、劉君星取引店、望月商店⋯

仁川 編

○諸工場⋯⋯二宮鐵工所、京仁鐵工所、金星鐵工所、粹谷鐵工所、東洋紡績株式會社肛仁川工場、愛敬社、丸トバケツ仁川工場、中村⋯(14)
○精米業⋯⋯加藤精米所、有馬精米所、澁谷商會、安河内商店、株式會社共益社穀肥部、吉金商店⋯(15)
(木穀倉庫)⋯(19)
(小商店)⋯(20)
飄館⋯(17)
久米商會⋯(18)
○土木建築諸材料⋯⋯天野秀一、劉君星木材部、安藤材木店、泉川清一⋯(19)
○油類⋯⋯仁川松園石油組合⋯
○旅館、藥房、常設館⋯⋯旭屋旅館、淺閣旅館、北島藥店、星光商會、横田藥房、飄館⋯(17)
○料理屋、貸座敷⋯⋯仁川敷島貸座敷業組合、うろこ、銀水、天狗、カフエー富士、矢坂樓⋯
○牧場、吳服、雜貨其他⋯⋯

만석정 萬石町
ばんこくまち

만석동 萬石洞

아마노 슈이치　天野秀一　　　　　　　　　　　map 12

1920년 창업. 토목건축업도급업.
(만석정. 전화1032)

아마노는 1874년 나가사키 출신. 1895년에 인천으로 건너 숙부가 경영하는 토목회사 이나다구미(稲田組)에 입사했다가 1919년 숙부 사망 후 대표가 되었다. 축항과 만석정 매립, 주안 염전, 철도공사 등 대규모 토목공사를 담당했다.

天野は明治7年長崎生まれ。明治28年渡仁、叔父の経営する稲田組に入る。大正8年叔父死亡により稲田組を継ぐ。築港、萬石町の埋立や朱安塩田、鉄道工事など大規模な土木工事を請け負う。

天野秋一ではなく秀一

天野秋一
請負業（萬石町　電話一〇三二番）
大正九年創業　土木建築

아리마 정미소　有馬精米所　　　　　　　　　　map 12

1924년 창업. 주인 아리마 준지 씨. 조선주재 대표 시바타 케이이치 씨. 해주에 지점, 오사카에 출장소가 있다.
(만석정18. 전화 장850, 337, 930)

현 만석동 주민센터 (現 萬石洞住民センター)

有馬精米所
大正十三年創業、朝鮮州在代表者柴田順二氏、海州支店あり萬石町三八番、大阪電話出張所長一三九〇番

동양방직 주식회사 인천공장　東洋紡績㈱仁川工場　　map 12

1934년 6월 창업. 본사는 오사카에 있다. 대표 회장 아베 후사지로 씨. 사장 쇼지 오토기치 씨. 공장장 스치 모토나오 씨. 경성부 남대문통2-1에 경성출장소가 있다. 인천공장은 1934년에 완공하여 영업을 시작했다.
(만석정37. 전화85)

현 동일방직 인천공장 (現 東一紡績仁川工場)

월미도유원지　月尾島遊園地　　map 45

다카스기 간장 양조장　高杉醬油釀造所　　map 12

1902년 창업. 훈도다카 양조원. 경영자 다카스기 노보루 씨. 경성부 장곡천정에 지점이 있다.
(만석정68. 전화675)

49

송판정 松坂町 まつさかまち | 송월동 松月洞

이즈노 상점　伊津野商店　map 12

1926년 창업. 히고(현 구마모토현), 요시노(현 나라현) 산의 질 좋은 목재를 사용하여 술통 류를 제조한다. 주인 이즈노 미츠고로 씨. 경성부 아오바 정3정목에 지점이 있다.
(송판정1정목. 전화1118)

나카무라 통제조공장　中村製樽工場　map 12

1919년 창업. 각종 통류 제조업. 경영자 나카무라 가메키치 씨는 고쿠라시 출신. 이 업계에서 분투한지 30년. 1919년부터 독립 경영하여 오늘이 이르다.
(송판정1정목. 전화690)

애경사 비누공장　愛敬社石鹼工場　map 12

愛敬社
明治四十四年創業。愛敬石鹼及愛敬蠟燭製造元。經營者太田睗太氏。（松坂町二丁目　電話三一四番　四五八番）

1911년 창업. 애경 비누 및 애경 양초 제조원. 경영자 오타 슌타 씨.
(송판정2정목. 전화314, 458)
2017년 6월 철거 (2017年6月撤去)

화방정 花房町
はなぶさまち

북성동 北城洞

시모모리 상점 출장소　下森商店出張所　　map 12

下森商店出張所

明治四十一年創業、汽船底曳網漁業、經營者下森菊藏氏は、永年京城に於て、諸官衙の諸拂下品を、取扱ひ德望あり。本店は京城林町、花房町。

1908년 창업. 기선 조인망 어업. 경영자 시모모리 기쿠조 씨는 오랫동안 경성에서 관공소의 불하품을 취급하여 덕망이 높다. 본점은 경성 하야시 정에 있다.
(화방정)

하야시가네 상점 인천출장소　林兼商店仁川出張所　　map 12

1932년 창업. 해산물 판매 및 제조업. 자본금 1010만 엔의 주식회사. 본사는 시모노세키시에 있다. 사장 나카베 이쿠지로 씨. 부산, 방어진, 나가사키, 키룽(대만), 아오모리에 지점, 청진 라오도에 출장소, 경성에 냉동판매부가 있다.

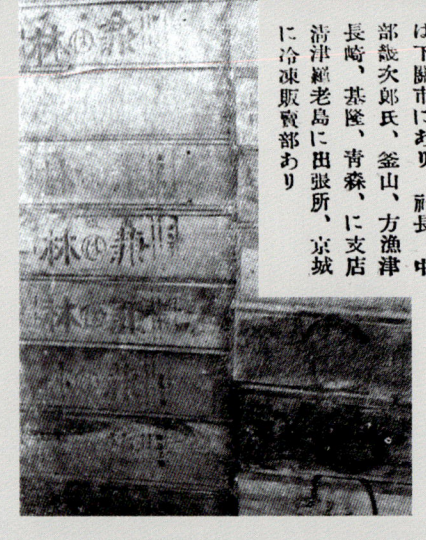

林兼商店仁川出張所

昭和七年創業、海産物の販賣及製造業、資本金壹千十萬圓の株式會社で、本社は下關市にあり、社長、中部幾次郎氏、釜山、方漁津、長崎、基隆、青森、に支店清津經老島に出張所、京城に冷凍販賣部あり

나카베는 효고 현 아카시 출신. 1924년 시모노세키에서 하야시가네 상점을 창업했다. 이 회사는 나중에 대양포경(捕鯨), 대양어업 등으로 성장하고 일본 최대의 수산회사인 마루하니치로의 자매회사가 되었다.

中部幾次郎は明石出身。1924年に下関で林兼商店を創業。後に大洋捕鯨、大洋漁業。マルハニチロの兄弟会社として日本最大の水産会社に成長する。

도요타 주조장　豊田酒造場　　map 12

豊田酒造場
大正五年創業、「ヒサゴ正宗」醸造元、經營者豊田準一氏、花房町二丁目電話六四六番

1916년 창업. '히사고마사무네' 정종 양조원. 경영자 도요타 준이치 씨.
(화방정2정목. 전화646)

츠지카와 정미소　辻川精米所　　map 12

1909년 창업. 경영자 츠지카와 도미시게 씨.
공장에는 백 명 이상의 종업원이 있다.
(화방정2-4. 전화245, 107, 69)

현 선광아파트 (現 鮮光アパート)

츠지카와는 1882년 나가사키 태생. 노일전쟁의 전공으로 훈8등을 받았다. 인천곡물협회평의원, 인천정미조합 부조합장, 미나토마치 정내위원 역임.

辻川富重は明治15年長崎生まれ。日露戦争に従軍し勲八等を下賜される。仁川穀物協会評議員、仁川精米組合副組合長、町内委員。

辻川精米所
明治四二年創業、經營者は辻川富重氏、工場には百名以上の人員を有し、花房町二ノ四番、電話二四五、一〇七、六九番

왕성홍　王成鴻　　map 23

왕성홍은 1878년 중국 안휘성 감현 출신인 화교. 동복공 경영자이며 인천화교학교 교장을 역임하는 등 화교사회에 큰 영향력을 가지고 있었다.

王成鴻は1878年中国安徽省歙県出身の華商。同福公の経営者で、仁川華僑学校の校長を務めるなど、華僑社会に大きな影響力を持っていた。

나가오카 상점 / 나가오카 세이타　長岡商店 / 長岡誠太　map 23

長岡城太商店
大正三年創業. 海陸物產
貿易商 店主長岡城太氏
（花房町二丁目 電話四一
四番）

城太ではなく誠太

1914년 창업. 육해산물 무역상. 주인 나가오카 세이타 씨.
(화방정2정목. 전화414)

인천임해학교　仁川臨海学校　map 45

仁川府花房町
仁川臨海學校

산근정 山根町
やまのねまち

전동 錢洞

인천공립고등여학교　仁川公立高等女學校　　map 33

仁川公立高等女學校
明治四十年仁川居留民會立女學校として創立さる、外に職員十七名、生徒四三〇名、卒業生一〇〇〇名に達してをる。
（山根町二、電話四五一番）

1907년 인천거류민회립 여학교로 창립. 현 교장 이토 치히라 씨. 그 밖에 직원 17명. 학생 수 430명. 졸업생은 1,000명에 이르다.
(산근정2. 전화451)

인천여고로 사용하다가 현 동인천주민센터, 중구문화원 (仁川女子高として使われ、現在は東仁川住民センター、中区文化院)

조선총독관측소　朝鮮総督府観測所　　map 12

1904년 임시관측소를 설치하여 와다 유지 씨를 주재시켰다. 만한滿韓 소재 임시관측소를 통치한 것을 기원으로 삼는다. 현 소장은 구니토미 노부이치 씨.
(산근정)

현 기상대 (現 気象台)

朝鮮總督府觀測所
明治三十七年臨時觀測所を置き和田雄治氏を駐在せしめ、滿韓所在の臨時觀測所を統治せしめたるを以て紀元とす。現在の所長國富信一氏、仁川府山根町

인천공립중학교　仁川公立中学校

1935년 신설. 인천부의 중앙인 웅봉 산록에 근대적 건축미를 자랑한 새 교사가 완공되었다. 교장 가지와라 우메지로 씨 외 직원 11명.
(산근정26. 전화27, 35)

仁川公立中學校
昭和十年新設今や仁川府の中央應峰山麓に近代的建築美を誇る新校名成る校長梶原梅次郎氏外職員十一名
(山根町二七、電話三五番)

현 제물포고등학교
(現 済物浦高校)

산수정 山手町
やまのてまち

송학동 松鶴洞

긴수이　銀水
map 27,32,34

구수모토 아사노부씨 경영. 요리업. 건평400평, 80명 연회석 설비가 있다.
(산수정1. 전화122)

銀水　料理業　楠本朝喜氏經營　建坪四百坪を有し　八十人の宴會設備あり（山手町一）電話一二二番

우로코 / 오사키 아츠코　うろこ / 大咲温子
map 32

1895년 창업. 요리점. 80명 연회석 완비. 경영자 오사키 아츠코 씨.
(산수정2. 전화68)

うろこ　料理店　明治二十八年創業　八十人宴會設備あり。經營者　大咲溫子氏（山手町二）電話六八番

야마구치 상점 / 야마구치 도미타로　山口商店 / 山口富太郎
map 34

1916년 창업. 미곡, 비료 판매 및 당유 제조업. 주인 야마구치 도미타로 씨.
(산수정2-19. 전화587)

山口商店　大正五年、創業、米穀、肥料の販賣及び糖油製造業　店主　山口富太郎氏（花房町二ノ一九）電話五八七番

住所は花房町ではなく山手町

합자회사 센요샤 / 오타 에이이치   扇洋社 / 太田英一   map 32

1909년 창업. 해륙운수, 조운 및 위탁품 판매. 아사노 시멘트 회사 특약점. 대표 사원 오타 에이이치.
(산수정2-18. 전화456)

이와이 병원 / 이와이 가츠사부로   岩井病院 / 岩井勝三郎   map 34

1932년 창업. 내과, 소아과 전문. 원장 이와이 가츠사부로 씨는 미야기 현 태생, 도쿄제국대학교 출신. 개업 전에는 인천부립병원 원장으로 근무했다.
(산수정3-5. 전화1022)

인천기념 공립유치원   仁川記念公立幼稚園   map 34

1900년 대정천황 결혼축하기념으로 창립. 1931년 인천부 제1부 특별경영이 되었다. 원장 와키모토 씨.
(산수정1-11. 전화106)

현 인성초등학교 (現 仁聖小学校)

지나정 支那町 (しなまち)

선린동 善隣洞

마키 도시이치 상점　槇利市商店　　map 22

1912년 창업. 식품 잡화상. 아사히표 원형구멍연탄 제조원. 미츠이 물산 석탄부 인천지역 독점판매. 아사히맥주, 유니온맥주 특약점. 사쿠라마사무네(정종) 특약점. 미츠이생명, 도호(동방)화재보험 대리점을 겸업. 주인 마키 도시이치 씨.
(지나정46. 전화1026, 1127(자택))

인천수산주식회사　仁川水產(株)　　map 22

수산물 매매 겸 도매업. 생선시장 경영. 주소 지나정57, 전화 286 (『인천항』에서)
水產物販売及び卸。魚市場経営。住所支那町57、電話286(『仁川港』より)

동복공 / 왕성홍　同福公 / 王成鴻　　map 23

동복공은 1902년 개업. 경영자는 화교 왕성홍. 독일 회사인 세창양행 대리점으로 주로 바늘을 판매했다.
同福公は1902年開業。経営者は華商の王成鴻。ドイツ人の経営する世昌洋行の代理店として、主に針を販売した。

중정 仲町 なかまち | 관동 官洞

아사오카 여관　淺岡旅館　　　　　　　　　　map 27

1917년 창업. 여관업 및 맛김 제조. 경영자 후쿠오카 토쿠오 씨.
(중정1정목. 전화53)

주소 중정1정목5번지, 전화 장53 (『인천항』에서)
住所は仲町1丁目5番地、電話長53番 (『仁川港』より)

淺岡商店
味附海苔製造業經營者福岡及 大正六年創業旅館業
德雄氏（仲町一丁目電話五三番）

◀ [인천항](인천상공회의소 편, 1931)에서
『仁川港』(仁川商工会議所編 1931)より

야마토구미　大和組本店　　　　　　　　　　map 27

1891 혹은 92년 창업. 해륙 운수업. 주인 히로이케 다케시 씨. 진남포 용정정에 지점이 있다.
(중정1-17. 전화 본점사무소 281, 539. 곡물협회 내 회조부 1100, 1035. 축항출장소 1037, 832. 축항 남출장소 1029, 1007. 육상부 철도부 703, 866)

大和組本店

현 카페 팟알
등록문화재 제567호
(現 カフェpot R,
登録文化財第567号)

사토 현물주식점 / 사토 키쿠오   佐藤現物株式店 / 佐藤菊雄   map 34

1934년 창업. 유가증권 및 현물매매.
주인 사토 기쿠오 씨.
(중정2-6. 전화367)

昭和九年創業、有價證券及現物賣買業、店主佐藤菊雄氏（仲町二ノ六、電話三六七番）

텐구   天狗   map 27

하기노 조타로 씨 경영. 연회 요리 배달. 맛자랑, 친절, 신속배달의 삼박자로 식도락과 일반대중에게도 호평을 받고 있다.
(중정2정목. 전화6)

荻野長太郎氏經營。會席料理仕出し業。味自慢と親切出前迅速の三拍子が食道間にも一般大衆にも好評を博して繁昌してゐる。（仲町二丁目 電話六番）

미시마 상점 / 미시마 도미츠치   三島商店 / 三島富槌   map 27,34

1924년 창업. 석탄 및 잠수기구를 사용한 수산물 판매업. 주인 미시마 도미츠치 씨.
(중정2-8. 전화217)

大正十三年創業、石炭及び潛水器に依る水産物販賣業、店主三島富槌氏（三仲町二ノ八、電話二一七番）

미나카타 상점　南方商店　map 34

新具
一明
店あ氏 治
一り 二
六 邸雑
六 京宅貨
番 城大卸
（ 門小
仲 通業
町 に店
三 支主
丁 店南
目 方
電 文
話 一

1895년 창업. 문구, 잡화 도소매. 주인 미나카타 신이치 씨.
경성 남대문통에 지점이 있다.
(중정3정목. 전화 166)

마나카타는 1887년 오카야마 출신.
1902년 부친과 함께 인천으로 건너 부친 사후에 가업을 이었다.

南方真一は明治20年岡山出身。
父に伴い明治35年に渡仁し、父の死後、家業を継いだ。

하나노 소아과의원　花野小兒科醫院　map 34

1932년 11월 창업. 원장 하나노 케이지 씨는 오이타현 출신.
(중정3. 전화683)

（仲町三、電話六八三番）
長花野啓司氏は大分縣の人
昭和七年十一月創業、院
花野小兒科醫院

시부야 상회　澁谷商會 ◀　map 34

町 澁
二 苫 谷
丁 、 百
目 麻 太
、 袋 郎
電 、 經
話 藥 營
長 材 、
、 料 縕
三 販 叺
五 賣 （
四 業 仲
番 （

澁
谷
商
會

시부야 모모타로 경영. 가마니, 멍석, 마대, 약재료 판매업.
(중정2정목. 전화 장354)

협성 상회 / 김상기　協成商會 / 金相琦 ▶　map 34

1931년 4월 창업. 비단 무명 실 천. 잡곡 비료업. 주인 김상기 씨.
(중정3-3. 전화 226, 775)

二 相
二 琦 糸 昭
六 氏 布 和
番 （ 六
、 仲 雑 年
七 町 穀 四
七 三 肥 月
五 ノ 料 創
番 三 業
） 店 、
電 干 絹
話 金 綿

協
成
商
會

본정 本町 (ほんまち)

중앙동 中央洞

마츠나가 상점 / 마츠나가 겐지로　松永商店 / 松永源次郎　map 27

1905년 창업. 명태 등 각종 해산물, 신탄 등 도매. 관염(소금) 도매. 주인 마츠나가 겐지로 씨.
(본정1-8. 전화 1027)

松永商店
明治三十八年創業　明太魚
各種海産物　薪炭等の卸賣
及び　官撰元賣捌拳店主松
永源次郎氏（本町一ノ八電
話一〇二七番

마츠나가는 1879년 후쿠오카 출신. 일본 국내, 중국 청도 등지에서 소금 판매업에 종사하다가 1922년 부산으로 건너가 코노미 인천출장소 주임으로 부임한 후 널리 소금무역을 했다.

松永源次郎は明治12年福岡生まれ。内地や青島で塩の販売に従事し、大正11年釜山に渡り、許斐仁川出張所主任となり、塩の輸出入業を手広く行う。

조선은행 인천지점　朝鮮銀行仁川支店　map 23,27

인천지점장 이케다 고로 씨.
(본정1. 전화74, 312, 11)

현 인천개항박물관(現 仁川開港博物館)

朝鮮銀行仁川支店
仁川支店長　池田五郎氏
仁川府本町一（電話　七四
三一二一一番）

모치즈키 상점　望月商店　　map 29,34

1904년 창업. 미곡 중개업. 주인 모치즈키 다케시 씨는 40년 전에 조선으로 건너와 18은행에 근무한지 30년. 그 후에 독립해서 현업을 시작하여 오늘에 이르다.
(본정3정목. 전화 513)

합자회사 기타지마 약방　北島藥店　　map 29,34

1905년 창업. 도량형기 계량기 위탁 판매. 고급화장품, 영양식품, 농예용 약품, 광산용 약품업. 대표사원 도다 유리야 씨.
(본정3-1. 전화234, 488)

도이 키시치 상점　土居喜七商店 ◀　　map 29

주인 도이 키시치 씨.
(본정3정목. 전화 1111, 673)

유래항 상점　柳來恒商店　　map 29

조선취인소 미두취인원. 경성부 메이지 정에 본점이 있다.
(본정3-4. 전화 526, 738, 773)

요시무라 에자에몬   吉村栄左衛門   map 29

쿄이쿠샤 곡물비료부 / 우메다츠네히로   共益社穀肥部 / 梅田常博   map 29

1913년 창립. 본점은 경성부 남대문2정목. 자본금 20만 엔. 웅기, 신의주, 간도에 지점이 있다. 인천 지배인 우메다 츠네히로 씨.
(본정3정목. 전화 장186, 장430)

共益社穀肥部
大正二年創立、本店は京城南大門二丁目、資本金二十萬圓、雄基、新義州、仁川支配人福田常博氏（本町三丁目長四三〇番）電話長一八六番
支配人は福田ではなく梅田

합자회사 고노 상점 / 고노 세이이치   河野商店 / 河野誠一   map 34

1913년 창업. 설탕, 밀가루, 식음료, 곡물, 잡화, 석탄, 무명실과 천, 소금 및 기계류 판매과 의탁판매업. 자본금 4만 엔. 대표사원 고노 세이이치 씨. 원래 고노 씨 개인 경영이었던 것을 1929년 5월 합자회사 조직으로 변경한 것이다.
(본정4-6. 전화28, 728)

주식회사 히라노 상점   平野商店　　map 34

1934년 창업. 면실과 천, 인견, 명주, 마부, 밀가루, 설탕, 비료, 성냥, 잡화류 판매업 및 보험 대리업. 자본금 10만 엔. 사장 히라노 이나히코 씨.
(본정4-1. 전화972, 247)

히라노는 1886년 야마구치 출신. 1901년 인천으로 건너가 고노 상점에서 근무한 후에 독립했다.
平野稔彦は明治19年山口出身。明治34年渡仁、河野商店に勤務後、独立した。

平野稔彦ではなく稲彦

마츠모토야 지물점   松本屋紙店 ▶   map 34

1930년 창업. 지류, 문구 판매업. 주인 마에다 젠이치 씨.
(본정4정목. 전화268)

후쿠시마 쿠니이치 상점   福島邦一商店 ◀   map 34

1922년 창업. 비료 잡곡업. 주인 후쿠시마 쿠니이치.
(본정4정목. 전화1014)

닛센 해운 주식회사　日鮮海運株式會社　　map 34

1925년 창업. 자본금 25만 엔. 사장 사와야마 쇼키치 씨. 전무 우라사키 세이키치 씨. 진남포, 목포, 안동현 해주 등에 지점이 있다.
(본정4-2. 전화50, 108, 585)

현 선광문화재단 (現 鮮光文化財団)

[인천의 긴요문제](1932)에서
『仁川』(仁川商工会議所編 1931)
より

아사히구미 인천지점　朝日組 仁川支店　　map 34

1931년 창업. 육해운수, 창고업. 상거래 대리업. 본점은 경성 봉래정2-41에 있음. 자본금 50만 엔. 사장 나라사키 이세키치 씨. 인천지배인 카와테 와카이치 씨. 인천 외 부산, 진남포에 지점이 있다.
(본정4-2. 전화529, 964, 682, 575, 516, 1013)

우라가미 양품점 / 야스우라 상점　浦上洋品店 / 安浦商店　　map 34

1917년 창업. 양품도매업. 주인 우라가미 치사오 씨.
(본정4-2. 전화78)

산키 상회　三起商會　　　　　　　　　　　map 34

1921년 창업. 석탄, 기계류, 고무 제품, 관제 인삼정 등 판매 및 보험회사 대리점. 주인 와타미 구니이치 씨.
(본정4-2. 전화 1009)

三起商會
大正十年創業　諸石炭ゴム身品　官製麥精　等の販賣及び保險會社代理　店主邊見國市氏（本町四ノ二　電話一〇〇九番）

가와바타 철물점 / 아와야　川端金物店 / 阿波屋　　map 34

1907년 창업. 각종 철물 도매, 우베 시멘트 조선 총대리점. 경영자 가와바타 덴시로 씨.
(본정4-2. 전화336, 886)

河波屋ではなく阿波屋

河波屋
明治四十年創業　諸金物卸問屋　宇部セメント鮮總代理店　經營者川端傳四郎氏（本町四ノ二　電話三三六番　八八六番）

가와바타는 1870년 도쿠시마 아와 출신. 청일전쟁 전공으로 훈7등을 받았고 대만총독부에서 근무하다가 1906년 인천으로 건넜다.

川端傳四郎は明治3年徳島県阿波郡出身。日清戦争で勲七等を下賜され、台湾総督府に務めるが、明治39年渡仁した。

조선저축은행 인천지점　朝鮮貯蓄銀行仁川支店　map 34

朝鮮貯蓄銀行　仁川支店

저축은행은 1933년 11월 20일에 본정4정목에 개점했다.(동아일보 1933년 11월 22일자 기사에서)

貯蓄銀行は1933年11月20日、本町4丁目に開店した（東亜日報1933年11月22日付記事より）。

미야타 주점 / 치시마 마사무네 지점　宮田酒店 / 千島正宗支店　　map 34

1904년 창업. 천도종정, 일본혼, 금천대, 화월종정 등 정종과 삿뽀로 맥주 등 판매. 주인 미야타 소지로 씨.
(본정4정목 전화 장359)

미야타는 1870년 효고 현 아카시 출신. 1906년 인천으로 건넜다.
宮田宗二郎は明治3年兵庫県明石出身。明治39年に渡仁。

千島正宗支店
明治二十七年創業、千島正宗、日本魂、金千代、花月正宗、サッポロビール等の發賣元、店主宮田宗三郎氏(本町四丁目、電話長三五九番)

다나카 양품점　田中洋品店　　map 34

1914년 10월 창업. 양품화업. 주인 다나카 츠무구 씨.
(본정4-4. 전화877)

田中洋品店
大正三年十月創業、店主田中繼氏(本町四ノ四、貨洋品、電話八七七番)

닛카 루　日華楼　　map 34

주식회사 마츠야 기모노점　松屋吳服店　　map 34

1904년 창업. 기모노, 양장 천 판매. 주인 바바 슈지로 씨.
(본정4-1. 전화82, 83)

株式會社松屋吳服店
明治二十七年創業　吳服洋反物一式販賣　店主馬場周二郎氏（本町四ノ一）電話八二番八三番

야기 유리 상점　八木硝子店　　map 34

1908년 창업. 아사히 유리, 창광 유리 주식회사 특약점.
주인 야기 요이치 씨. 경성부 오카자키 정에 지점을 두고 있다.
(본정4정목. 전화52)

야기는 1876년 효고 현 출신. 1906년에 인천으로 건넜다.

八木與一は明治9年兵庫県出身。明治39年に渡仁して開業。

八木商店
明治四十一年創業　硝子業旭硝子　昌光硝子株式會社特約店　店主八木與一氏　京城府岡崎町に支店を設く（本町四丁目）電話五二番

해안정 海岸町
かいがんまち

해안동 海岸洞

인천송함석유조합　仁川松函石油組合　map 23, 26

1908년 창업. 스텐더드 배큐엄 석유회사 대리점으로 석유, 휘발유 기타 유류 일제 판매업. 조합 대표 요시다 슈지로 씨, 지배인 도요우라 가쿠지 씨.
(해안정1-9. 전화 장715, 228)

1888~1915 일본우선 인천지점으로 쓰인 건물. 현 인천아트플렛폼 사무실 (1888〜1915年に日本郵船仁川支店として使われた建物。現在は仁川アートプラットホームの事務所)

요시다는 1872년 구마모토 출신. 1897년 조선으로 건너 원산에서 배 운송업에 종사했고, 1926년 인천에 이주하면서 요시다 상회를 설립했다. 운송, 정미, 제염. 주조업, 성냥공장, 월미유원지 등을 다각적으로 경영하는 사업가다. 인천상업회의소 회장, 인천곡물협회 회장 역임.
吉田秀次郎は明治5年熊本出身。明治30年渡鮮後、元山で回漕業、貿易業を営む。大正15年に仁川に移住し吉田商会を設立。運送、精米、製塩、醸造会社、朝鮮マッチ工場、月尾島遊園地経営などを行う実業家。仁川商業会議所会頭、仁川穀物協会会長。

인천영유판매조합　仁川英油販賣組合　map 29

1918년 7월 창업. 라이징선 석유주식회사 인천판매소로 석유 휘발유, 광유, 기타 유류 일절 판매업. 자본금 10만 엔. 조합원은 오사카의 쇼노 키쿠오 씨, 인천의 미나카타 신이치 씨, 우케이 키치조 씨 등 모두 셋 명.
(해안정2-2. 전화349)

다카스기 노보루　高杉昇　map 29

만석정에 있는 다카스기 간장공장 경영자. 萬石町にある高杉醤油工場の経営者。

이마이 상점 / 이마이요시조　今井商店 / 今井嘉三

1912년 창업. 미곡, 잡곡, 새끼줄. 주인 이마이 요시조 씨.
(해안정2-3. 전화 장809)

이마이는 1880년 오사카 출신. 1902년에 인천으로 건넜다.
今井嘉三は明治13年大阪出身。明治35年に渡仁。

미츠이물산 인천출장소　三井物産仁川出張所　　map 29

미츠이(삼정)물산 인천출장소
(해안정2-5)
현 한국근대문학관 기획전시관 (現韓国近代文学館企画展示館)

인천소금공동판매조합　仁川鹽共同販賣組合　　map 29

1930년 창립. 소금 지정 매매인들의 조합조직. 주로 전매국의 명에 따라 소금 배급기관으로서 판매 업무를 통솔하여 좋은 성적을 올리고 있다. 영업항목은 조선 천일염, 수입 천일염, 정제염, 재제염, 전숙염.
(해안정2-5. 전화 장816, 1167)

구와노 중매점　桑野仲買店　　map 29

구와노는 1897년 치바 현 출신. 와세다대학 전문부 정치경제과 졸업 후 인천에서 미곡상에 종사했다. 조선신탁(주) 상무, 인천학교조합 회의원.
桑野健治は明治30年千葉出身。早稲田大学専門部政治経済科卒業後、仁川で米穀商に従事。朝鮮信託㈱常務取締役。仁川学校組合会議員。

인천자동자(주)　仁川自動車(株)　　map 29

유군성 취인소   劉君星取引所   map 29

1932년 창업. 조선취인소 미두취인원, 정미 및 비료업. 주인 유군성 씨는 1934년 7월 조선취인소 증권부 취인원으로 경성 황금정2정목에도 취인소를 두다.
(해안정3-1. 전화9, 230, 1115)

昭和七年創業、朝鮮取引所米豆取引員、精米及肥料業、店主劉君星氏は昭和九年七月朝鮮取引所證券部取引員として京城黃金町二丁目にも取引店を置く。(海岸町三ノ一、電話九番、二三〇番、一一一五番)

劉君星取引店

조선취인소 인천지점   朝鮮取引所仁川支店   map 16, 29

昭和七年現仁川物資取引所米豆取引、京城株式現物取引市場支店百貨合併し、初代支店長は岡太郎一郎氏、現支店長は荒井千太郎氏、配當一割。電話三一、七四五番、一八三番。
朝鮮取引所仁川支店

1932년 인천미두취인소 및 경성주식현물취인시장이 합병하여 창립 됨. 자본금 619만 9,800 엔. 이사장 아라이 하츠타로 씨, 인천지점 지배인 히라오카 우타로 씨.
(해안정3-1. 전화14, 183, 754)

한때 KB국민은행이 사용했었다 (KB国民銀行だった)

기무라구미   木村組 ▶   map 29

1888년 창업. 해상운송업. 초대 경영자는 기무라 도모키치 씨. 그 후 몇 차례 조직변경을 거쳐 오늘에 이르다. 현 경영자는 고야마 키하치 씨.
(해안정. 전화31)

明治二十一年創業、回漕運送業、當店最初の經營者は木村友吉氏で、其後再三組織の變更を經て今日に至る。現經營者は小山喜八氏(海岸町、電話三一番)
木村組

강익하 상점   康益夏商店   map 29

1932년 창업. 주인 강익하 씨는 경성 금익증권 주식회사의 전무이사이며 조선취급소 증권부 거래인원으로 이 가게를 경영하고 있다.
(해안정3-1. 전화 장212, 장102, 134, 761)

昭和七年創業、店主康益夏氏は京城の金益證券株式會社專務取締役で朝鮮取引所證券部取引員として經營してゐる。(海岸町三ノ一、電話長二一二番、長一〇二番、一三四番、七六一番)
康益夏商店

다케다 중매점 / 카네메 취인소   竹多仲買店 / カネメ取引所   map 29

1929년 창업. 조선취인소 미두취인원인 주인 다케다 류사부로 씨는 이시카와현 출신. 1929년 인천미두취인소 중매인이 되어 1932년 1월 조선취인소 미두부 취인원이 되어 1935년 6월 경성부 남대문통2-1에 자본금 20만 엔으로 아시아증권주식회사를 창립하여 사장이 되었다.
(해안정3-1. 전화708, 758, 1020)

조준호 중매점 / 동아증권 인천지점   趙俊鎬仲買店 / 東亞證券仁川支店   map 29

1934년 창업. 자본금 50만 엔. 사장 조준호 씨. 인천지배인 김익동 씨. 본점은 경성부 고가네정2정목에 있다.
(해안정3-1. 전화481, 693, 916, 960, 1165)

금성 철공소　金星鐵工所　　map 29

1926년 창업. 증기기관, 발동기, 정미기계 등 제작 및 수선. 아사히 프로펠러 일괄 판매. 기계부품 판매업. 주인 이하영 씨. 창업 당시 직원 다섯 명으로 시작하여 현재 종업원 50명. 만석동에 분공장으로 주물부를 설치하여 비약적으로 발전하고 있다.
(해안정3-3. 전화653)

金星鐵工所

大正十五年創業、蒸氣機關、發動機、精米機、類の製作並に修繕、旭プロペラの一手販賣、諸機械部分品の販賣業。店主李河泳氏。創業當時職人五名を以て始めた當鐵工場は現今從業員約五十名を有し萬石町には更に分工場として鑄物部を設置一大飛躍を示してゐる
(海岸町三ノ三 電話六五三番)

김원국 미곡상 / 신화상회　金元國米穀商 / 新華商會　　map 29

1919년 창업. 내외 곡비 직수출입. 경영자 김원국 씨는 조선인의 중진이다.
(해안정3정목. 전화1069, 385)

新華商會

大正八年創業、內外穀肥直輸出入商、經營者金元國氏は鮮人間に重きをなす
(海岸町三丁目 電話一〇六九番、三八五番)

오가와 키사부로 상점 / 오가와 중매점   小川喜三郎商店 / 小川仲買店   map 29,38

1902년 창업. 해산물업.
주인 오가와 키사부로 씨.
(해안정4-2. 전화610)

노구치 상회   野口商會   map 38

1914년 창업. 관염 특약판매. 만철 무순탄 특약판매. 기선회사 대리, 보험회사 대리업. 주인 노구치 노시 씨. 지배인 미우라 야스오 씨.
(해안정4정목. 전화173, 24)

조선식산은행 인천지점   朝鮮殖産銀行仁川支店   map 29,38

인천 지점장 미야자키 다다오 씨.
(해안정4정목. 전화145, 240, 629)

현 신포동 공영주차장 자리 (現 新浦洞公営駐車場)

마루후쿠 주식점   丸福株式店

내리 內里 (ないり)

내동 內洞

개풍 상회　開豊商会　map 35

1916년 창업. 무명, 비단, 삼마. 비료 도매.
주인 이성국 씨.
(내리134. 전화770)

조선농공 주식회사　朝鮮農工㈱　map 34

인천부 내리97번지. 사장 키토 스스무, 이사 키토 가네지로. 자본금 50만 엔 전액 입금. 전화 장66번. 거래은행 조선은행, 식산은행. 키토 농림과 키토 공업 두 회사를 통일 합병하여 1928년 4월 설립되었다. 부동산 경영, 제조, 공업 및 공업제품(주로 염색재료) 매매에 종사하여 오늘이 이르다.

키도 내과의원　城戶內科醫院　　map 34

城戶內科醫院
大正十二年開業、內科、小兒科を經て、今日に至る。九州帝大出身小倉市縣立病院、長戶誠一氏は福岡小兒科、電話三四三番（內里九四）

1923년 개업. 내과, 소아과. 원장 키도 세이이치 씨는 후쿠오카 출신. 규슈제국대학교를 나와 고쿠라시립병원, 규대 소아과를 거쳐 오늘에 이르다.
(내리94. 전화343)

가와무라 상점 / 가와무라 토쿠스케　河村商店 / 河村德助　　map 34

1904년 창업. 생어, 해산물 등 중매, 소매 및 과일 판매업. 경영자 가와무라 도쿠스케 씨.
(내리106. 전화330)

河村商店
明治三十七年創業、生魚海産物等の仲買小賣及び、果物販賣業、經營者河村德助氏。（內里一〇六、電話三三〇番）

와카바야시 상점 / 와카바야시 마츠노스케　若林商店 / 若林松之助　　map 35

1910년 창업. 식품잡화 도매업. 주인 와카바야시 마츠노스케 씨.
(내리215. 전화749, 419)

若林商店
明治四十三年創業、食料品雜貨卸業　店主　若林松之助氏（內里二一五　電話七四九番　四一九番）

용강정 龍岡町
たつおかまち

인현동 仁峴洞

주식회사 마스다야 상점 / 주조장　㈱増田屋商店 / 酒造場　　map 33

1919년 마스모토 주점, 다나카 주류부 및 카노 지헤이 등 세개의 상점이 합동하여 합자회사 마스다야 상점을 창립. 이후 업적이 점차 확장함으로 1927년 조직을 변경하여 자본금 33만 엔으로 주식회사가 되었고 1928년부터 청주 양조를 시작, 명주 '선학'을 양조한다. 사장 카노 준 씨, 지점을 경성 하세가와정에, 소매점을 (인천)부내 궁정9에 둔다.
(용강정3. 전화109, 259, 924)

▲『경성과 인천』에서 『京城と仁川』 より (1929)

후카미 양조장 / 후카미 도라이치   深見釀造所 / 深見寅市   map 33

1905년 창업. 청주 '성학' 양조원. 주인 후카미 도라이치 씨. 경성 남대문5정목, 개성부 야마토 정에 지점이 있다.
(용강정4정목. 전화248, 266)

후카미는 1890년 후쿠오카 출신. 부친과 함께 주조업에 종사하다가 부친 사후 가업을 이었다

深見寅市は明治23年福岡出身。父と共に酒造業を経営し、父亡後家業を継ぐ。

深見釀造場
明治二十八年創業　清酒
［誠鶴］醸造元　店主深見寅
市氏　京城南大門五丁目開
城府大和町に支店あり（龍
岡町四丁目、電話二四八番
二六六番

◀ 『경성과 인천』에서 『京城と仁川』より
(1929)

인천공립심상소학교   仁川公立尋常小學校   map 14,33

1919년 창립. 교장 도키나가 무네하루 씨. 직원 16명. 아동 수 799명.
(용강정. 전화937)

축현초등학교로 쓰다가 학교 이전. 현 인천학생교육문화회관
(丑峴小学校だったが移転。現 仁川学生教育文化会館)

79

용리 龍里 <small>りゅうり</small> | 용동 龍洞

구세 의원 / 주영선   救世医院 / 朱榮善   map 33

1934년 개업. 내과, 외과, 피부과, 산부인과. 원장 주영선 씨는 치바의대 출신. 병실은 일본식, 조선식, 서양식의 세 가지가 있다.
(용리147-3. 전화1070)

救世醫院
昭和九年開業、內科外科皮膚科、產婦人科、院長朱榮善氏は千葉醫出身、病室は、日本式、朝鮮式、西洋式、三種類に分つてゐる。
(龍里一四七／三、電話一〇七〇番)

요코타 약방   橫田藥房   map 35

1923년 창업. 의화학용 공업용 약품. 유명 매약, 위생재료, 각종 의료용, 이화학용 기계, 계량기 판매업.
주인 요코타 다마키치 씨.
(경정2정목. 전화973)

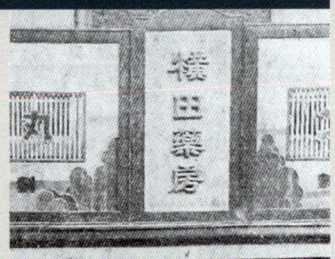

橫田藥房
大正十二年創業 醫化學用工業用藥品・有名賣藥衛生材料各種醫療用理化學用器械計量器販賣店主橫田玉吉氏(京町二丁目電話九七三番)

신정 新町 しんまち

신포동 新浦洞

야마다 센시치　山田浅七   map 35

까페 후지　カフェー富士   map 35,39

1928년 창업. 까페 및 요리 업. 경영자 도미오카 요시메 씨. 여급(아가씨)8, 9명. 명랑서비스로 잘 알려져 있다.
(신정26. 전화627)

カフェー富士
昭和三年創業　カフェー及料理業　經營者富岡吉初氏女給八九名　朗らかなサービス振りを以て知られてゐる（新町二六　電話六二七番）

표관 / 닛타마타헤이　瓢館 / 新田又平   map 39

영화상설관. 경영자 닛타 마타히라 씨. 쇼치쿠, 신코, 유나이티드, 콜롬비아 등 우수영화를 배급하여 인천 부민 대중오락장의 으뜸의 자리를 지키고 있다.
(신정18. 전화410, 960)

현 하나은행 (現 ハナ銀行)

瓢館
映畵常設館　經營者新田又平氏　松竹　新興　ユナイテッド　コロンビア等優秀映畵を配給しては失敗の娛樂場を大に秀る電話四一〇番九六〇番（新町一八番）

닛타는 1888년 시모노세키 출신. 교토상업학교 졸업후 조선으로 건넜다. 인천에서 형이 경영했던 영화관을 인수했다.

新田又平은 明治21년 下関生まれ。京都商業学校卒後渡鮮。兄の經營する活動寫真常設館を引き受ける。

사토 병원　佐藤病院　　map 39

1930년 개업. 내과, 소아과, 피부과, 화류(성)병과. 원장 사토 케이이치 씨는 이와테현 출신. 개업 이전에는 도립 인천병원 내과에 근무했다.
(신정19. 전화663)

昭和五年開業、內科、小兒科、皮膚科花柳病科、院長佐藤圭一氏は岩手縣の人以前は道立仁川病院內科に勤務（新町一九　電話六六三番）

다카오 인천지점 / 시로타 시게하루　高雄仁川支店 / 代田繁治　　map 34,39

1905년 창업. 술 간장류 도매. 주인 시로타 시게하루 씨는 부회의원, 상공회의소 부회두(장)의 요직에 있다.
(신정21. 전화277)

高野ではなく高雄

明治三十八年創業、酒醬油類卸商、店主代田繁治氏は府會議員、商工會議所副會頭の要職にあり。（新町二一　電話二七七番）

마키세 병원　牧瀨病院　　map 34,38

1926년 6월 개업. 외과, 산부인과, 광선(X레이)과. 원장 마키세 다다히로 씨는 가고시마현 출신. 구마모토 의전 졸업. 조선총독부 의원 외과, 부립 인천병원 외과장을 지내고 오늘에 이르다.
(신정38. 전화485)

大正十五年六月開業、外科、產婦人科、光線科、牧瀨廣氏は鹿兒島縣の人熊本醫專出身、總督府醫院外科、府立仁川病院外科長を經て今日に至る（新町二八　電話四八五番）

나카무라 카 식료품점 / 나카무라 칸이치　中村嘉本店 / 中村食料品店　　map 34

1923년 창업. 잡화상점.
주인 나카무라 칸이치 씨.
(신정36. 전화537, 461)

大正十二年創業雜貨商店、主中村寬一氏（新町三六　電話五三七番　四六一番）

사정 寺町 てらまち | 답동 沓洞

박문보통학교　博文普通学校　map 35

인천공립심상고등소학교　仁川公立尋常高等小学校　map 16, 35, 39, 42

1885년 창립. 현 교장 아라타 사다사쿠 씨. 아동 수 1,260명. (사정. 전화447)

현 신흥초등학교(現 新興小学校)

모리야마 주조장　守山酒造場　map 39

1901년 창업. 청주 오오니시키 양조원. 경영자 모리야마 신마츠 씨. (사정27. 전화422)

이즈미카와 세이이치　泉川清一　map 39

토목건축도급업. (사정36. 전화382)

궁정 宮町 みやまち　　　　　신생동 新生洞

마에다 오복(기모노)점　前田吳服店　map 38

1909년 창업. 기모노 류, 천 판매.
주인 마에다 켄지 씨.
(궁정. 전화300)

기쿠치 양품점　菊池洋品店　map 38

1913년 창업. 메리야스, 잡화류 판매.
주인 키쿠치 켄지 씨.
(중정8. 전화46)

합자회사 호시미츠 상회　星光商會　map 38

1927년 창업. 매약, 내외신약, 공업약품, 의생재료,
화장품업. 대표사원 아베 쇼지 씨.
(궁정10. 전화111)

니시노이리 병원　西野入病院　　map 38

1932년 창립. 외과, 산부인과, 피부과, 화류(성)병과. 원장인 의학박사 니시노이리 마스미 씨는 나가노현 태생. 도쿄제국대학교 출신. 후쿠오카현 공립 이와세 병원, 도립 인천병원 외과를 거쳐 오늘에 이르다.
(궁정13. 전화1116)

昭和七年創立、外科、産婦人科、皮膚、花柳病科、院長醫學博士西野入眞澄氏。氏は長野縣の人東京帝大出身福岡縣公立岩瀬病院、道立仁川病院外科等を經て今日に至る。(宮町一三、電話一一一六番)

후루하라 양복점　古原洋服店　　map 38

아오시마 상점 / 아오시마 호사쿠　青島商店 / 青島舗作　　map 38

1908년 창업. 해산물, 차, 장아찌 도매. 말린 두부 제조업. 주인 아오시마 호사쿠 씨.
(궁정. 전화709)

아오시마는 1883년 시즈오카 출신.
青島舗作は明治16年静岡出身。

明治四十一年創業、海産物、銘茶、漬物類卸販賣、高野豆腐製造業、店主青島舗作氏。(宮町 電話七〇九番)

모리시타 의원　森下医院　　map 39

이소나가 양복점　磯永洋服店　　map 39

이와사키 마사스개 상점　岩崎政介商店　map 39

1922년 창업. 해산물, 무역, 밧줄,
가마니, 정미용 한수도분 판매.
주인 이와사키 마사스개 씨.
(궁정21. 전화455)

이와사키는 1878년 히로시마 출신. 1909년 인천으로 건
너 인천제물포 정미소, 미츠이 물산 제염소 근무 후 독립
했슴. 인천학교조합의원.
岩崎政介は明治11年広島出身。明治42年渡仁。仁
川済物浦精米所、三井物産仁川製塩所勤務後、独
立。仁川学校組合議員。

동양헌　東洋軒　map 39

서양요리점.(전화519). 토마토캐찹 등 제조판매도 했다.
西洋料理店(電話519)。トマトケチャップ、グリンピースなどの製造販売も行っていた。

합자회사 카토 정미소　加藤精米所　map 16, 39, 42

1918년 창업. 정미업, 창고업. 곡물매매업. 자본금 30만 엔.
대표사원 카토 헤이타로 씨. 진남포에 본점. 군산, 부산, 오사카에 출장소 있음.
(궁정38. 전화550, 551, 555, 888)

인천신사 사무소　仁川神社社務所　map 16, 39

현 인천여자상업고등학교
(現 仁川女子商業高校)

그림엽서 絵葉書

야사카 루 矢坂楼 map 42

矢坂樓

明治十五年創業 料理業 經營者品川遼亮氏 總面積五十坪 小野屋敷十數室宴會人は關西業界の腕利きを揃へてゐる。(仁川東公園內)
電話二三六番

1882년 창업. 요리업. 경영자 시나가와 료스케 씨. 총면적 50평인 저택에 열대여섯 개 방. 연회석은 150명의 설비가 있다. 요리인은 관서(오사카 부근) 업계의 솜씨를 자랑하는 자들이 즐비하다. (인천 동공원 내. 전화236)

조선미곡창고 주식회사 인천지점   朝鮮米穀倉庫   map 16

1930년 창업. 자본금 500만 엔. 사장 마츠이 후사지로 씨. 전무 다치카와 로쿠로 씨. 인천지점장 다카하시 도시다다 씨. 미곡창고 수용량은 146만 가마니. 본점은 경성 남대문 2-5.
(전화 965,1174)

경성전기 주식회사 인천지점   京城電気㈱仁川支店   map 39

87

빈정 濱町 <small>はままち</small> | 사동 沙洞

마루이치구미 운송점 / 사와이 시게사부로　丸一組運送店 / 澤井茂三郎　map 38

사와이 시게사부로 씨 경영. 선박 및 철도 화물 취급. 용산공작소 인천철공소 전속취급소.
(빈정7. 전화1184, 926)

丸一組運送店
澤井藤三郎氏經營。船舶並に鐵道貨物の取扱、並に龍山工作所仁川鐵工所專屬取扱店（濱町七、電話一一八四番、九二六番）

藤三郎ではなく茂三郎

아사히야 여관　旭屋旅館　map 38

주인 오하시 우메키치 씨. 각 관청 육해군 오사카 미실회 등 지정여관으로 번성하다. 객실 20여 개.
(주소 빈정7-1. 전화251)

旭屋旅館
店主大橋梅吉氏 陸海軍大阪米室會 各官廳の指定として繁榮 客室二〇餘 一室（濱町七ノ一番）電話二五一番

주식회사 케이다구미　慶田組　map 38

1884년 창업. 자본금 25만 엔. 사장 우에노 키자에몬 씨. 육해운수업, 창고업, 세관화물 취급, 선박 및 보험대리업, 물품위탁 취급 판매업.
(빈정11. 전화42, 72, 210, 211, 984. 278(빈정 출장소))

株式會社慶田組
明治十七年創業資本金二十五萬圓 社長上野喜左衛門 營業陸海運送業倉庫業 稅關貨物取扱船舶及保險代理業物品委託販賣業 電話四二、七二、二一〇、二一一、九八四番（濱一番）二七八番（濱出張所）

안도 재목상점　安藤材木商店　map 38

1903년 창업. 내외목재, 건축자재, 조선자재, 도배자재, 대나무. 기타 풍국산 시멘트 특약점. 경영주 안도 구마이치로씨.
(빈정12. 전화 장712, 718)

안도는 1877년 오이타 출신.
安藤熊市郎は明治10年大分生まれ。

安藤材木商店　明治三十六年創業　内外木材　建築材料　造船材料　左官材料　青竹　其他豊國産セメント特約店。経営主 安藤熊市郎氏。（濱町一二　電話長七一二番　七一八番）

합자회사 도쿠나가 상점　德永商店　map 38

合資會社德永商店　昭和七年創業　各種砂糖　麥粉　水飴　雑貨等ノ御卸業　資本金五萬圓　代表社員中島治郎氏　松谷光助氏（濱町一四　電話士一四七番二八八番）

1932년 창업. 각종 설탕, 밀가루, 물엿, 잡화 등 도매. 자본금 5만 엔. 대표사원 나카지마 지로 씨. 마츠타니 미스스개 씨.
(빈정14. 전화 장147, 288)

나카노야 상점　中野谷商店　map 38

1907년 창업. 건어물 해산물, 금융업. 주인 나카노야 켄지 씨.
(빈정17. 전화123)

中野谷商店　明治四十年創業、乾魚等海産物及金融業、店主中野谷鑑治氏（濱町一七、電話一二三番）

고노 의원 / 고노 사토루　河野醫院 / 河野了　map 39

河野醫院　昭和八年開業、内科、花柳病科、レントゲン科、院長河野了氏は和歌山縣の人。（濱町一九、電話六七番）

1933년 개업. 내과, 화류병과, 엑스레이과. 원장 고노 료 씨는 와카야마현 출신.
(빈정19. 전화67)

유군성 상점 목재부　劉君星商店木材部　map 39

유군성 씨가 경영하며 제재 및 제함 두 부서로 나눠져 있다. 원목매매, 나무 상자 제작.
(빈정32. 전화 장827)

유군성(1880~1947)는 제재소, 정미소 등을 경영했다. 인천전수상업고등학교(현 동산중,고교) 설립에 참여하며 조선인 사이에 덕망이 높았다.

劉君星は製材所や精米所を経営。仁川伝授商業高等学校(現東山中・高校)の設立に関わり、朝鮮人の尊敬を集めた。

劉君星商店木材部
劉君星氏の経営で製材及製函の両部に分ち原木売買中板木箱の製造をなす。
(濱町三二　長電話八二七番)

조선정미 주식회사 인천지점　朝鮮精米株式會社仁川支店　map 38

1918년 창업. 자본금 50만 엔. 사장 아라이 하츠타로 씨, 전무 오가사와라 요시오 씨, 인천지점장 미토 모리조 씨. 본점은 경성부 이즈미 정1정목, 지점은 군산에 있음.
(빈정21. 전화325, 925, 235)

아라이는 1868년 도야마 출신. 1904년 조선으로 건너 경부철도 공사에 종사하고 철도, 토목 등 공사를 담당하는 아라이구미를 경영했다. 조선토목건축협회 회장, 조선건축회 이사, 조선광업회 이사, 조선축산회 부회장 역임.

荒井初太郎は明治元年富山生まれ。明治37年渡鮮し、京釜鉄道工事に従事。鉄道、土木工事を行う荒井組を経営。朝鮮土木建築協会会長、朝鮮建築会理事、朝鮮鉱業会理事、朝鮮畜産会副会長。

구케야 철공소　絆谷鐵工所　map 38

1908년 창업. 선박용 및 육지용 발동기, 각종 정미용 기계, 토목건축 용구 제조 판매. 경영자 구케야 미치히라 씨.
(빈정25, 전화658)

구케야는 1881년 나가사키 출신. 1890년 부산으로, 1894년 인천으로 건넜다. 노일전쟁 전공으로 훈7등을 받았다. 인천미노야 철물점 경성지점 주임으로 근무 후에 독립했다. 정내위원, 인천신사 위원.

絆谷道平は明治14年長崎出身。明治23年釜山に渡る。同27年仁川へ。日露戦で勲七等を下賜される。仁川美濃谷金物店京城支店主任を経て、独立。浜町町内委員、仁川神社委員。

絆谷鐵工所
明治四十一年創業　船舶発動機　陸用発動機　精米用機械一式　土木建築用具一式　製造販売業　経営者絆谷道平氏(濱町二五　電話六五八番)

요시가네 상점　吉金商店　map 39

1906년 창업. 미잡곡 무역상. 주인 요시가네 요시조 씨.
(빈정28. 전화110)

吉金商店
明治三十九年創業、米雜
穀貿易商、店主は吉金喜三
郎氏、(濱町二八、)電話一一
〇番

도모마츠 / 마루토 바케츠 인천공장　友松 / 丸トバケツ仁川工場　map 39

丸トバケツ仁川工場
昭和七年創業　新案特許
洗米器、バケツ、ツルベ洗
桶タライ類製造販賣業經
營者　友松宅治氏。京城古
市町に販賣所あり。(濱町
三四電話一一六八番)

1932년 창업. 신안특허인 세미기, 양동이, 두레박, 통, 대야류 제조판매. 경영자 도모마츠 타쿠지 씨. 경성 후루이치 정에 판매소가 있다.
(빈정34. 전화 1168)

경인철공소　京仁鐵工所　map 39

1921년 창업. 정미, 매갈이(조미)기계,
전도장치, 육·선박 기계 제작 및 수선.
공장 설계 설치. 주인 아토지 고주로 씨.
(빈정35. 전화328)

京仁鐵工所
大正十年創業、精米粗摺
機、傳導裝置品陸、舶用機
關、製作並に修繕、工場設
計、据附業を營業とす。店
主阿閉孝十郎氏。(濱町三
五、電話三二八番)

항정 港町 みなとまち | 항동 港洞

산에이구미　三栄組　　　　　　　　　　map 23, 26

1920년 창업. 해상운수업.
주인 후쿠시마 요시타로 씨.

三榮組
大正九年創業、同淸業、
店主福島喜太郎氏

조선해양사　朝鮮海洋社　　　　　　　　map 22

해운업. 소유선박은 예산환, 서산환,
만리환, 천리환, 태랑환, 풍도환 등이
있다. 항로는 충청남도 각지, 황해 연
안. 사장 시마자키 지로 씨.
(항정1정목. 전화23, 101)

朝鮮海洋社
海運業、所有船舶には醴
山丸、瑞山丸萬里丸、千里
丸、太郎丸豊島丸、等があ
つて、航路は忠淸南道各地
黄海沿岸、社長島崎次郎氏
(港町一丁目、電話二三番
一〇一番)

모리노부 기선 주식회사　森信汽船㈱　　map 22

1927년 창립. 자본금 20만 엔. 사장 유진
근 씨. 전무 김종섭 씨는 인천부회 의원.
(항정1-5. 전화163, 1112)

森信汽船株式會社
昭和二年創立・資本金二
十萬圓社長兪鎭根氏、專務
金鍾燮氏は仁川府會議員港
町一ノ五、電話一六三番、一
一一二番)

요코타 상점　橫田商店　　　　　　　　　　　map 23, 28

1905년 창업. 뱃기구, 어구, 석유, 도료 업. 주인 요코타 다카시게 씨.

요코타는 1878년 에히매 현 출신, 1905년 인천으로 건너 가쿠 상점을 인수하여 요코타 상점을 개업했다.

橫田孝茂は明治9年愛媛出身。明治38年渡仁。加來栄太郎商店を引き継ぎ、橫田商店を開業。

孝義ではなく孝茂

橫田商店　明治三十八年創業　船具　漁具　石油　塗料業　店主　橫田孝義氏（港町三ノ一　電話長七番）

구메 상회　久米商會　　　　　　　　　　　　map 28

久米商會　大正十五年一月創業　燃料重油コールタールクレオソート塗料セメント類販賣業　店主久保田米二氏　重油保稅タンクを建設以來外國會社獨占の狀態を一蹴賣價を極度に切下げ各方面の稱讚を博しつゝあり。（港町四ノ三　電話一一三三番

1926년 1월 창업. 연료중유, 콜타르. 크레오소트, 도료, 시멘트 류 판매. 주인 구보타 요네지 씨. 중유보세 탱크를 건설 후 외국회사 독점 상태를 일축하여 가격을 극도로 내려 각 방면에서 칭찬을 받고 있다. (항정4-3. 전화1133)

인천곡물협회　仁川穀物協会　　　　　　　　　map 29

나이센 운수조　內鮮運輸組　　　　　　　　　 map 29

內鮮運輸組　昭和十年創業。船舶回漕業船舶代辨業經營者　山崎彌吉氏、當店は大和租傍系仁川稅關構內に出張所（電話七〇七番）あり、港町四ノ六八、電話一一〇〇番一〇三五番）

1935년 창업. 선박 회조업. 선박대변업. 경영자 야마자키 미키치 씨. 야마토구미(대화조) 계열. 인천세관 구내에 출장소(전화707)가 있다.
(항정4-68. 전화1100, 1035)

쿄도 해운 상회   協同海運商會   map 29

1930년 창업. 해운업. 나카무라 기선, 야마시타 기선, 가와사키 기선. 도쿄해상화재보험, 도요해상화재보험 등 대리점. 대표자 무라오 시게오 씨.
(항정513. 전화820, 566)

무라오는 1887년 나가사키 출신. 1913년 인천으로 건넜다.
村尾重男は明治20年長崎出身。大正2年渡鮮。

히로가네 이비인후과 의원   廣兼耳鼻咽喉科   map 29

1934년 개업. 원장 히로가네 도라오 씨는 경성제국대학 의학부 제1기 졸업생이며 도립 인천병원 이비인후과장을 거쳐 오늘에 이르다.
(항정5. 전화647)

조선상업은행 인천지점   朝鮮商業銀行仁川支店   map 29,38

지점장 구보 사이치 씨.
(항정5정목. 전화332, 372, 849)

건물은 철거되었고, 그 후 동인천등기소가 들어섰다가 현 인천문화재단
(この建物は撤去され、東仁川登記所が建てられた。現仁川文化財団)

마루니 재목점   丸二材木店   map ?

조선운송 주식회사 인천지점　朝鮮運送㈱仁川支店　map 38

朝鮮運送株式會社 支店

昭和五年四月創業、資本金四百萬圓、社長竹島鏘太郎氏、專務河合治三郎氏、出張所十二、支店十七、全鮮に有す。仁川支店長は太田思茂氏。（港町ノ一、電話一〇五二番）

1930년 4월 창업. 자본금 400만 엔. 사장 다케시마 신타로 씨, 전무 가와이 지사부로 씨. 조선 전도에 지점 17개, 출장소 12개가 있음. 인천지점장은 오타 오모이 씨.
(항정6-11. 전화10, 52)

인천철공소　仁川鉄工所　map 16

조선수리업 전화 선거(독) 내 238번 (『인천항』1931에서)

造船修理業　電話　船渠（ドック）内238番 (『仁川港』より)

인천토목출장소　仁川土木出張所　map 22

仁川土木出張所

港灣に關する調査計畫實地の測量に當り、港內浚渫作業にも從事してゐる。仁川港町

항만의 관한 조사 계획. 현장실측. 항내 준설공사에도 종사한다.
(항정)

인천세관　仁川税関　map 16,38

仁川税關

明治十六年、仁川港開港と同時に稅關として、生れたのが仁川に稅關設置の始まりであり、似全鮮に於ける嚆矢である。（港町）

1883년 인천항 개항과 더불어 세관으로 태어났던 것이 인천세관의 시작이다. 전 조선 최초이다.
(항정)

송림리 松林里 (しょうりんり) | 송림동 松林洞

인천공립제2보통학교　仁川公立第二普通学校　　map 14

1933년 창립. 교장 요시무라 기요시 씨.
아동 수 400명.
(송림리. 전화1134)

현 송림초등학교 (現 松林小学校)

이와모토 목장　岩本牧場

1904년 창업. 경영자 이와모토 미치조 씨.
(인천부외 송림리. 전화 인천767)

금곡리 金谷里
きんこくり

금곡동 金谷洞

조선성냥 주식회사 朝鮮燐寸㈱

map 14

◀ 『경성과 인천』에서 『京城と仁川』 より (1929)

朝鮮燐寸株式會社
創業 大正六年 資本金
五十萬圓
取締役社長 瀧 儀作氏
取締役 鬼頭虎瀧
加藤吉次郎
藏通文井
監査役 上瀧川淸一
多田榮吉
配ノ江川洋の諸氏
支店 勅錫の諸氏燐寸佑氏
製造販賣 本店及工場ハ金谷里三ノ二支店及仁
川軸木工場ハ新義州ニアル。
(登記)本社(長)二一五一支
京店(長)二三二番 振替本社
八八四八番

1917년 창업. 자본금 50만 엔. 이사 사장 다키가와 기사쿠 씨. 이사 키토 도라조, 요시다 슈지로, 다다 에이키치. 카토 미치후미, 다키가와 세이치 등 각 씨. 감사역 이노우에 도키시게, 장 석우. 지배인은 애가와 히로시 씨. 성냥제조판매업. 본점 및 공장 인천 금곡리 33-2. 지점 및 성냥개비 공장은 신의주에 있다.
(전화 본사 장151 지점 장232, 대체 본사 경8848)

외리 外里
がいり

경동 京洞

하라겐고 상점　原源吾商店　map 35

1912년 창업. 부동산 경영 및 금융업.
(외리193. 전화235)

율목리 栗木里
りつもくり

율목동 栗木洞

인천공립상업학교　仁川公立商業学校　map 18,43

1912년 창립. 교장 고바야시 호이치 씨 외 직원 28명. 학생 수 614명. 졸업생 635명.
(율목리 원 인천남공립상업학교 자리. 전화219, 802)

현 인천정보산업고등학교 (現 仁川産業情報高校)

류정 柳町
やなぎまち

유동 柳洞

주명기 정미소　朱命基精米所　map 18,43

주명기(1882~1952)는 사업가. 유동에서 정미소 겸 포목점을 경영. 이곳 쌀이 조선박람회에서 금상 수상했다. 상공회의소 부회장 역임.
朱命基は実業家。精米所と反物屋を経営した。ここで精米した米は朝鮮博覧会で金賞を受賞。商工会議所副会長を歴任。

화정 花町 はなまち

신흥동 新興洞

화엄사　華厳寺　　map 42

가와무라 정미소　河村精米所　　map 42

1923년 창업, 1938년 합자회사로 조직변경. 대표사원 가와무라 소시치 씨.
(화정1정목34. 전화 장113, 1011, 317)

나오노 정미소　直野精米所　　map 43

1920년 창업. 자본금 10만 엔. 경영자 나오노 씨.
공장에는 100명 이상 종업원이 있다.
(화정2-1. 전화 장562, 923)

나오노는 1891년 오이타 출신. 케이오대학 이재과 중퇴 후 조선신탁(주) 이사를 역임했다.
直野良平は明治24年大分出身。慶応大学理財科中退。朝鮮信託㈱取締役。

다카미츠 주조장 / 이치하라유키치　高三酒造場 / 市原雄吉　　map 43

1920년 10월 창업. 명주 '연리의 솔' 양조원. 경영자 이치하라 유키치 씨.
(화정2정목. 전화422)

이치하라는 1879년 시마네 현 출신. 1920년 인천으로 건너왔다.
市原雄吉は明治12年島根出身。大正9年渡仁。

니노미야 철공소　二宮鉄工所　map 43

二宮鐵工所
大正十三年創業、專賣局特許二宮式籾摺機製造元　種種精米器具製作販賣、瓦斯鎔接切斷作業等を取扱ふ。
經營者　二宮薩善氏（花町二ノ三三、電話七三四番）

1924년 창업. 전매국 특허 니노미야식 용정기 제조원. 각종 정미기구 제작판매. 가스용접 절단 작업 등을 취급한다. 경영자 니노미야 킨고 씨.
(화정2-33. 전화734)

리키타케 물산 주식회사　力武物産㈱　map 18,43

1905년 리키타케 정미소 창업. 리키타케 구로자에몬 씨 개인 경영이었던 것을 1927년 자본금 100만 엔의 주식회사로 만들었다. 정미업 외에 부동산 경영, 각종 대리업, 석탄 매매 및 그 위탁 업을 시작함. 사장 리키타케 구로자에몬 씨.
(화정2정목. 전화 장17, 701, 275, 358)

力武物産株式會社
明治三十八年力武精米所創業、力武黒左衞門氏の個人經營だったのを昭和二年資本金壹百萬圓の株式會社とす。精米業の外に不動産經營、各種代理業、石炭賣買及其委託業を開始。社長力武黒左衞門氏（花町二丁目電話長一七番、七〇一番、二七五番、三五八番）

야스고우치 상점　安河內商店 ▶　map 43

1931년 창업, 잡곡, 비료, 밧줄 판매업. 주인 야스고우치 젠타로 씨.
(화정3정목. 전화 1151)

昭和六年創業、雜穀肥料莚販賣業、店主安河內善一郎氏。(花町三丁目電話一一五一番)　安河內商店

요시키 간장양조장　吉木醬油釀造所　map 43

1914년 창업. 간장양조, 매약, 대금업 및 화재보험 대리업. 경영자 요시키 요시스개 씨.
(화정3-11. 전화522)

요시카는 1882년 야마구치 현 출신. 노일전쟁에 종군하고 1906년 인천으로 건너옴. 인천신사 하나마치 총대표, 서본원사 임원.

吉木善介는 明治15年 山口出身。日露戰에 從軍하고, 明治39年에 渡仁。仁川神社花町總代。西本願寺世話人。

吉木善升ではなく善介

大正三年創業、醬油釀造賣藥、金錢貸附及び火災保險代理業、經營者吉木善升氏。(花町三ノ十一電話五二二番)　吉木醬油釀造場

도산정 桃山町　ももやままち　｜　도원동 桃源洞

덕생원　德生院　map 43

아사히 양조 주식회사　朝日釀造㈱　map 18

1919년 창업. 청주, 소주, 주정합성주, 과실주 제조판매. 기타 금융신탁업. 자본금 100만 엔. 이사 회장 요시다 슈지로 씨. 전무이사 나가이 하츠타로 씨. 청주 공장은 인천부 송판정1-10.
(도산정47. 전화425, 1060, 206(공장))

2012년 7월 철거. 현 공영주차장
(2012年7月撤去。現 公營駐車場)

부도정 敷島町
しきしままち

선화동 仙花洞

인천 시키시마(부도) 유곽업조합   仁川敷島貸座敷業組合   map **18, 43**

조합장 이노우에 곤타로 씨

大黒楼　電話八〇一番
堤　勇吉　氏

다이코쿠 루　大黒楼
전화801
츠츠미 유키치 씨.

一二三楼　電話四二六番
井上とみ　氏

히후미 루　一二三楼
전화426
이노우에 도미 씨.

敷島楼　電話五三三番
塚本ふみ　氏

시키시마 루　敷島楼
전화533
츠카모토 후미 씨.

신토미 루　新富楼
전화504
이노시타 고타로 씨.

新富樓　電話五〇四番
井下好太郎氏

마츠야마 루　松山楼
전화711
하마다 미네 씨.

松山樓　電話七一一番
濱田みね氏

도키와 루　常盤楼
전화302
나와타 시게 씨.

常盤樓　電話三〇二番
繩田しげ氏

이리후네 루　入船楼
전화62
마츠자키 후쿠타로 씨.

組合員　入舟樓　電話六二番
松崎福太郎氏

마루야마 루　丸山楼
전화1125
오타 타이사쿠 씨.

丸山樓　電話一一二五番
太田太作氏

다니모토 검역소　谷本檢疫所

谷本檢疫所

주안 朱安
しゅあん

주안동 朱安洞

와타라이 정미소　渡會精米所

1916년 창업. 주인 와타라이 요시이치 씨. 부지 7,000평. 동력전동기 110마력 1대, 정미기 8대, 용정기 5대, 납작보리 정매장치 50마력 등 설비를 갖추고 1년 생산고는 현미 3만곡, 백미 1만 5천곡에 이르다. (경부선 주안. 전화 인천1048)

부외 장의리 府外長意里 (ちょういり) 숭의동 崇義洞

시바타 목장　柴田牧場

1923년 창업. 경영자 시바타 나오이치 씨.
(인천부외 장의리128. 전화1002)

柴田牧場
大正十二年創業 經營者 柴田直一氏（仁川府外長意里一二八 電話一〇〇二番）

인천요업 주식회사　仁川窯業株式會社

1931년 창업. 벽돌 제조판매, 건축재료 판매 및 대리업. 자본금 15만 엔. 사장 다니모토 요시사부로 씨. 상무이사 우라사키 마사요시 씨.
(인천부외 장의리314. 전화411)

仁川窯業株式會社
昭和六年創業、煉瓦製造販賣、建築材料販賣並に代理業、資本金十五萬圓、社長、谷本義三郎氏、常務取締役浦崎政吉氏（仁川府外長意里三一四、電話四一一番）

80년의 시공을 넘은 재회
조감도『대경성부대관』과 사진첩『대경성도시대관』

도미이 마사노리

경관도~하늘에서 보는 경치의 시대

　1920년대 구미 각국에서 도입된 '경관 landscape'이라고 하는 개념, 즉 인간을 둘러싼 환경을 표현하는 것이 지도계에서 큰 관심 사가 되었다. 그 중에서도 도시는 가장 고도한 문화경관의 구상적인 형태라 해서, 그것을 표현하려면 하늘에서 바라본 입체도면이 가장 유효 적이라고 생각했다. 그래서 특색이 있는 도시의 경관을 구성하는 모든 요소를 분석적으로 연구하고, 나아가서 그 모든 요소를 통합하면서 과학적으로 도시의 경관을 입체화시키는 노력이 시작되었다.

　처음엔 항공사진을 많이 이용했는데 유감스럽게도 당시의 사진기술로는 먼 거리까지 표현하기가 어려웠고, 또한 색채표현에도 어려움이 많았다. 그러

요시다 하츠사부로의 그림지도 [인천] 1929년　朝鮮博覧会仁川協賛会発行「仁川」吉田初三郎

한 과정에서 개발된 것이 블록 다이어그램을 응용한 투사도법인 조감도다.

　육지측량 부의 세밀한 지형도를 바탕으로 원근법을 이용해 지구본처럼 굽은 그물코의 밑그림을 작성하여, 거기에다가 스케치를 참조하며 산이나 건물 등 대상물을 입체적으로 하나하나 그리고, 마지막에 색을 입힌다. 이런 식으로 완성한 입체도는 과학적이기도 하고 아주 세밀하다. 마치 '대정시대의 히로시게'라고 불린 요시다 하츠사부로吉田初三郞가 그린 지도처럼 색채가 선명하고 아름답다. 마치 손으로 만든 컴퓨터그래픽이라고도 할 수 있는데, 제작에는 남다른 노력과 시간과 비용이 필요했다.

조감도『대경성부대관』과 사진첩『대경성도시대관』

　이번 『모던인천 시리즈1』은 1930년대 중반 조선신문사가 발행한 조감도 『대경성부대관』과 사진첩 『대경성도시대관』이라는 두 가지 자료를 바탕으로 작성했다.

　조감도 『대경성부대관』은 조선시정25주년을 기념하여 1936년 8월 조선신문사가 발행한 세로142cm 가로153cm인 채색 경관도다. 이 한 장의 지도 속에 경성부와 인천부, 월미도, 영등포, 명수대 등 각 지역의 확대도와 지명, 명승고적지, 관공서나 학교, 기업 등의 정보와 사진 등이 가득 기록되어있다.

　이 조감도의 편집 작도를 담당한 자는 그 당시 제도계製図界의 중진이었던 오노 가즈마사小野三正다. 실제 작업은 그의 제자인 모리 상조오森三藏가 진행했다. 경성을 500m 각의 격자로 분할한 각 블록에 대상물을 입체적으로 그리고 색을 입혔다. 또한 군사기밀에 속하는 부분은 수목 등으로 위장해서 감추었다. 오사카정판 인쇄(주)에서 인쇄를 하고 족자 형태로 포장하여 가격 20엔으로 시판했다. 사진첩 『대경성도시대관』은 조감도 『대경성부대관』보다 10개월 후인 1937년 5월에 같은 조선신문사가 발간했다.

▲ 사진첩 『대경성도시대관』
◀ 조감도 『대경성부대관』

　이 사진첩은 경성, 인천의 명승고적지나 신사, 사찰, 관공서, 학교, 병원을 비롯하여 민간 회사, 상점, 공장 등 저명한 곳을 모두 망라하여 간단한 설명을 부기한 귀중한 시각자료집이다.

　이 사진첩의 존재는 일찍부터 알려져 있었지만, 조감도 『대경성부대관』은 오랫동안 전문가들 사이에서도 그 존재는 알려지지 않았다. 내가 처음으로 이 조감도의 존재를 안 시기는 2011년이며 경성에서 자란 어느 일본인이 그 실물을 보여주었는데 그 세밀함과 아름다움에 놀랐다.

경성과 고베의 경관도~오노 가즈마사의 두 가지 프로젝트

　이 조감도를 조사하는 과정에 제작자인 오노 가즈마사가 경성 지도작업을 했던 시기, 일본 고베에서도 조감도를 제작하고 있었다는 흥미로운 정보를 얻었다. 나는 바로 고베로 가서 박물관이 소장하는 자료를 조사한 결과 고베의 유신又新일보사가 구스노키 마사시게楠木正成(가마쿠라 막부를 무너뜨려 다시 천황 통치를 이끌어낸 공로자로 대남공大楠公이라 불린다) 의거600년(1935년) 기념사업으로 1934년부터 1937년 사이에 사운을 걸어 조감도 『대고베시대관』

과 해설『대고베도시대관』이라는 자매편을 기획 제작했었고, 바로 오노 가즈마사가 지도 제작을 담당했다는 사실이 판명되었다.

경성은 조선신문사가 시정25주년(1935년) 기념사업으로 조감도『대경성부대관』을 제작하여 1936년에 발행했고, 1937년에 사진첩『대경성도시대관』을 발간했다. 이 두 가지 조감도를 편집 작도한 사람이 오노 가즈마사다.

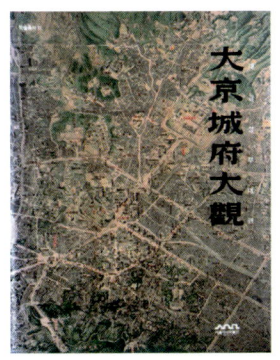

『대경성부대관』
(서울역사박물관. 2015년)

이 두 가지 프로젝트를 비교해보면 제목과 제작연도, 지도 제작자에 놀랄 정도의 공통점이 있다. 조감도『대고베시대관』과 해설『대고베도시대관』이 자매편인 것과 마찬가지로 경성의 조감도『대경성부대관』과 사진첩『대경성도시대관』은 자매편에 틀림없을 것이라는 확신을 얻었다. 또한 같은 제작자가 같은 시기에 진행한 고베와 경성 두 가지 조감도는 오노 가즈마사가 낳은 형제 지도라고도 할 수 있을 것이다.

결과적으로 말하자면 경성의『대경성부대관』과『대경성도시대관』은 간행되었지만 조감도『대고베시대관』과 해설『대고베도시대관』은 공을 들인 만큼 완성이 늦어져 1937년에 최종적으로 군부의 허가를 받지 못해 발행금지가 되었다. 현재는 인쇄 직전인 가도假圖만 남아있다.

발행 후 90여 년이 지난 지금, 조감도『대경성부대관』과 사진첩『대경성도시대관』은 겨우 수 점만 그 존재를 확인하는 뿐이다. 나는 2014년 우연한 기회에 조감도『대경성부대관』을 입수했고, 그 다음 해 서울역사박물관에서 이 지도에 관한 책을 발간했다. 관심이 있는 분은 이 책도 함께 열람해주었으면 바란다.

80年の時空を超えた再会
大京城府大観と大京城都市大観

冨井正憲

景観図〜空からの眺めの時代

　1920年代に欧米から導入された「景観（ランドスケープ）」という概念、つまり人間をとりまく環境の眺めを表現することが地図の世界では大きな関心となった。なかでも都市は最も高度な文化景観の具象的な表れであるとみなし、その表現法には空から眺めた立体図が最も有効とした。特色ある都市の景観を構成する全要素を分析的に研究し、更にそれらを総合して科学的に都市の全景観を立体的に図示することに努めた。

　はじめは航空写真が大いに用いられたが、残念ながら当時の写真技術は遠方までの表現ができず、また色彩表現も難しかった。こうした過程から考案されたのがブロックダイアグラムを応用した透視図法の俯瞰図である。

　陸地測量部の精密な地形図から遠近法を用いて地球儀のように湾曲した網目の下図を作成し、そこに写真やスケッチを参照しながら山や建物の対象物を立体的に１つ１つ描き上げ、最後に彩色を施す。出来上がった立体図は科学的で精密で、かつ「大正の広重」吉田初三郎が描く図絵のように色鮮やかで美しい。

まさに現代のコンピューター・グラフィックの手作りバージョンであり、制作には並々ならぬ労力と時間と費用を必要とした。

鳥瞰図『大京城府大観』と写真帖『大京城都市大観』

　『モダン仁川 シリーズ１』は1930年代半ばに朝鮮新聞社より発行された鳥瞰図『大京城府大観』と写真帖『大京城都市大観』の２つをベースに作成している。

　鳥瞰図『大京城府大観』は朝鮮施政25年を記念して1936年8月に朝鮮新聞社より発行された縦142cm、横153cmの色刷りの、空から眺めた景観図である。一枚の図の中に京城府と仁川府、月尾島、永登浦、明水臺の各地域、それに町名、名勝・古蹟・官公庁・学校・企業、写真等の情報がぎっしりと記載されている。

　この鳥瞰図の編集作図を担当したのが製図界の重鎮小野三正（かずまさ）である。実際の作業は彼の傘下の森三蔵等が行った。京城を500m角の格子状に分割した各ブロックに対象物を立体的に描き、色彩を施している。また軍事秘密に属する部分は樹木等によってカモフラージュしている。大阪の精版印刷㈱で印刷を行い、軸装のうえ価格二拾円で市販された。

　また写真帖『大京城都市大観』は、鳥瞰図『大京城府大観』より10ヶ月後の1937年5月に同じく朝鮮新聞社より発行された。

　この写真帖は京城、仁川の名勝古蹟や神社仏閣、官公署、学校病院はもとより、民間の銀行、会社、商店工場等の著名なものを悉く網羅して、簡単な説明をつけた貴重なビジュアル資料である。

　この写真帖の存在は早い時期より一般にも良く知られていたが、鳥瞰図『大京城府大観』は長い間その存在が専門家の間でも知られていなかった。私が初めて

その鳥瞰図の存在を知ったのは2011年である。京城育ちの年配の持ち主から実物を見せてもらい、その精密さと美しさに驚いた。

京城と神戸の景観図〜小野三正の２つのプロジェクト

　教わった鳥瞰図を調べていく過程で、作図製作者の小野三正が京城の仕事を行っていた時期に、神戸においても鳥瞰図作成を同時進行していたという興味深い情報を知った。早速神戸に出向いて博物館所蔵の資料を調べた結果、神戸の又新日報社が大楠公600年（1935年）の記念事業として、1934年から1937年の間に社運をかけて鳥瞰図『大神戸市大観』と解説『大神戸都市大観』の姉妹編を企画製作し、鳥瞰図を小野三正が担当していたことが判明した。

　京城は朝鮮新聞社が朝鮮施政25年（1935年）の記念事業として鳥瞰図『大京城府大観』を1936年に発行し、写真帖『大京城都市大観』を1937年に発行した。これも鳥瞰図の編集作図は小野三正である。２つのプロジェクトを比較するとタイトル、製作年代、地図製作者等、驚くほどに共通している。

　鳥瞰図『大神戸市大観』と解説『大神戸都市大観』が姉妹編であるように、京城においても鳥瞰図『大京城府大観』と写真帖『大京城都市大観』が姉妹編であろう。また同一製作者によって同時期に進められた神戸と京城の２枚の鳥瞰図は、小野三正を親とする兄弟図とでもいえようか。

　最終的に京城の『大京城府大観』と『大京城都市大観』は刊行された。しかし神戸の鳥瞰図『大神戸市大観』と解説『大神戸都市大観』は、手間をかけた分だけ完成が遅くなり、1937年の最終段階で軍部からの許可が下りずに発行禁止となった。今は印刷直前の仮図だけが残っている。

　刊行から90年経過した現在、鳥瞰図『大京城府大観』と写真帖『大京城都市大

観』のオリジナルは、わずか数点しかその存在が確認されていない。私は2014年にまったくの偶然からこの鳥瞰図『大京城府大観』を入手することができ、その翌年ソウル歴史博物館より図録として公刊した。興味ある方は閲覧していただければ幸いである！

도미이 마사노리

서울에 거주하는 건축가. GUGA 도시건축연구소 특임교수.

가나가와 대학교 재직 시절부터 동아시아 도시건축문화 비교연구를 실시하여 2004년부터 한양대학교 건축학부에서 한국 학생을 지도하였다. 40년에 걸쳐 한국에 남아있는 일제 강점기의 건축물과 생활에 관한 연구를 이어가고 있다. 1930년대 경성 거리를 재현한 전시를 서울 청계천문화관, 도쿄 한국문화원 등에서 개최해 화제를 모았다.

건축가로서 '더불어 마을' 만들기, 보가 없는 현대 한옥, 오랫된 일식 주택 재생 등 다양한 작업을 진행해 왔다. 한국 건축을 가장 많이 답사하는 일본인 건축가로 알려져 오랫동안 한일 건축문화 교류에 힘을 쓰고 있다.

冨井正憲（とみい・まさのり）

ソウル在住の建築家、GUGA都市建築研究所特任教授。

神奈川大学在職時代より東アジアの都市建築文化比較研究を行い、2004年から漢陽大学建築学部で韓国の学生を指導。韓国に残る日本統治時代の建築物や暮らしについての研究を続ける。1930年代の京城の街を再現した展示をソウルの清渓川文化館、東京の韓国文化院などで開催し、話題を集めた。

建築家として、共生の村つくり、梁のない現代韓屋、古い日本式住宅の再生などを手掛ける。「韓国の建築を最もよく踏査している日本人建築家」として知られ、長年、日韓の建築文化交流に力を注いでいる。

주 註 1937년에 조선신문사가 발행한 사진첩『대경성도시대관』과 같은 내용인 책이 같은 해에 중앙정보선만지사에서『대경성사진첩』이라는 제목으로 발행되었다. 한국국립국회도서관에는 이 책이 소장되어있으며 그 내용이 공개되어있다.

1937年に朝鮮新聞社から発行された写真帖『大京城都市大観』と同じ内容のものが同年、中央情報鮮満支社から『大京城寫眞帖』というタイトルで発行されている。韓国国立国会図書館にはこちらが所蔵されており、一般に情報公開されている。

내 인생의 항로가
되었던 조감도

김용하

일본 교토대학교에 유학하던 40여 년 전, 나는 한 장의 아름다운 도면을 발견하고 공개했다. 인천을 그린 채색입체도다. 이 도면이 바로 나를 '인천'이라는 도시를 주제로 생애를 걸쳐서 연구하도록 한 장본인이라고 해도 좋을 것이다. 그런데 이 도면은 누가 언제 작성한 것일까? 그 수수께끼를 알아내야 되겠다고 나는 다짐했다.

그로부터 30년이 지난 2014년, 신기하게도 인쇄된 조감도 2개가 동시에 내 눈앞에 나타났다. 서울역사박물관과 한양대 도미이 마사노리 교수가 각각 입수한 『대경성부대관』이다. 내가 복사한 입체도는 1936년에 발행된 『대경성부대관』의 인천부분이며 채색된 원도임이 밝혀졌다(①).

2015년 서울역사박물관에서 연구비를 지원받아 '그림 같은 아름다운 지도, 지도에 가까운 그림'을 그린 제작자와 제작 경위를 밝히려고 도미이 교수와 함께 일본 교토에 갔다.

30년 전 기억을 더듬어 원도를 찍어 둔 슬라이드 필름을 어렵게 찾아냈고 이를 프린트해서 지참했다. 우리는 먼저 교토대학교 지리학과를 찾았고, 조감원도를 처음 나에게 보여주셨던 오지 토시아키応地利明 교토대학교 명예교수

① 1987년 일본 교토대학교 지리학과에서 이 지도를 발견했을 때 그 아름다움과 세밀함에 놀랐다. 나는 이 지도를 복사하고 귀국 후 공개했다.

② ①은 『대경성부대관』의 일부분인 인천부의 원판이었다는 사실이 판명되었다. 그 후의 연구로 그림 제작자와 제작과정 등이 밝혀졌다. 1936년에 판매되는 단계에서 지명이나 시설명 등이 보충되었고, 군사적인 기밀사항이 있는 축항 부분을 색인으로 감춘 듯하다.

③ 1933년 『인천부사』에 첨부된 인천시가지의 항공사진을 인천역사자료관에서 재생시킨 것. 『대경성부대관』 제작은 이러한 항공사진이 활용되었을 것이다.

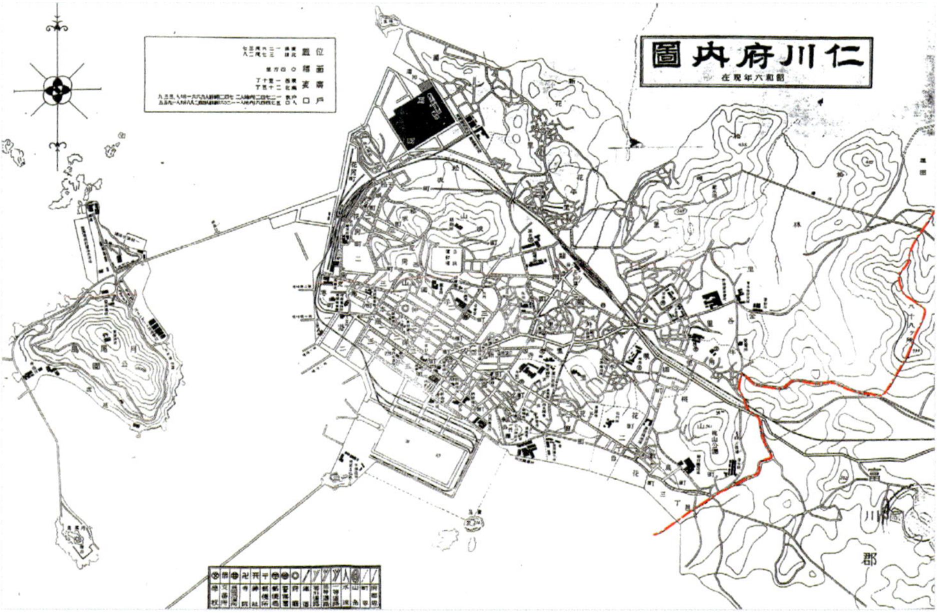

④ 1933년에 발간된 『인천부사』에 실린 지형도. 필자가 표시한 빨간 선 왼쪽 부분이 그 당시 인천부의 경계이다. 인천의 면적은 6.72㎢로, 동서 4.51km, 남북 1.26km 크기였다. 1936년 이후 인천부의 행정구역은 이보다 4배가량 확장되었다.

도 만났다. 오지 교수는 학생이었던 나를 기억했지만, 원도의 행방에 대해서는 애매하게 말씀했다.

그 후 8월과 11월 2차례에 걸쳐서 교토대학교 지리학과와 종합박물관, 문학부 도서관 등을 탐문했지만 결국 원도의 행방은 찾을 수 없었다.

다음은 입체지도를 제작한 오노 가즈마사의 활동과 가족 관계를 조사했다. 오노는 지도 제작 전문가로 교토대학교에서 학생을 지도했고, 지도에 관련된 여러 편의 논문의 존재도 파악했다. 그러나 생존한 가족 관계에 대해서는 전혀 알 수 없었다.

이 조사 과정에서 오노 밑에 모리 상조오森三藏라는 수제자가 있었다는 것을 알게 되었다. 교토에서 두 시간 가량 떨어진 시가현 모리야마시에 모리의 아들이 생존하고 있다는 것을 알아냈다. 모리 미츠토시森三紀 씨는 당시 76세로 아버지인 모리 상조오에 대한 다양한 정보를 귀띔했다.

우리가 놀란 것은 모리 상조오는 한 번도 한국에 가본 적이 없었다는 이야기였다. 오직 일본육지측량부가 제작한 지형도를 바탕으로 항공사진과 건물사진 등 시각정보만 가지고 그토록 세밀한 조감도를 완성했다는 것이다. 아들인 모리 미츠토시 씨는 우리가 찾아간 몇 해 전까지만 해도 아버지가 생존해 계셨는데 조금 일찍 찾아왔으면 그 당시 이야기를 직접 들을 수 있었을 텐데 하면서 아쉬워했다.

생전에 본인이 직접 쓴 자서전『일점 일묘一点一描』라는 책 속에도 나와 있는데 당시 아버지는 오노의 집에 숙식하면서 대부분의 지도를 그렸다고 밝혔다.『대경성부대관』역시 모리 상조오가 그린 것으로 추측할 수 있다(②).

인천 개항 후 50년간의 역사를 자세히 기록한『인천부사』(1933)에는 인천의 전경을 알 수 있는 파노라마 사진과 비행기로 찍은 항공 사진 3장이 첨부

되어 있다(③). 월미도와 두 방향에서 본 인천 시가지이다. 1935년에 인천 시가지를 그린 채색된 입체도는 지형도와 항공사진, 그리고 사진 등을 바탕으로 만들어졌을 것이다.

입체도 안에는 『인천부사』에 나오는 주요 관청, 학교, 회사, 상점 등 많은 정보가 녹아있다. 이 시대에 대해 더 깊이 알고 싶은 분은 입체도와 함께 『인천부사』를 보면 그 당시의 양상을 상상할 수 있을 것이다. 아직까지 인천의 시가지를 묘사한 컬러 조감도는 유일무이하다(②).

갑자기 내 눈앞에 나타난 『대경성부대관』!! 이 그림이 어떻게 기획되고 제작자나 제도 담당자가 누구인지 숙제를 가슴에 품고 나는 30년을 살아왔다. 2014년 말에 오랫동안 다닌 직장을 무사히 퇴직하고, 덧붙여 30년 만에 숙제를 해결하여 감개 무량하다.

김용하

인천에 사는 도시 및 건축 연구가. 인천광역시 도시계획상임기획단장, 인천발전연구원 선임연구위원으로 30년간 인천시의 도시계획 및 근대건축을 연구해 왔고, 인천시 문화재위원을 역임했다. 일찍이 건축과 도시계획을 하나로 보고 도시역사와 근대건축물의 보존에 힘써왔다.
저서 『지도로 보는 인천 120』, 『1883-2001 인천의 도시계획』은 인천지역을 공간 지리적으로 정리한 대표적인 연구이다.

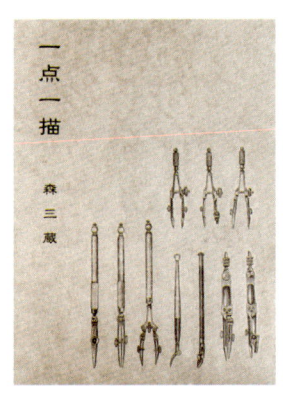

모리 상조오 자서전 『일점일묘』
(2010년 8월, 모리즈보 발행)

모리 상조오 (1911-2013) 100세 기념으로 아들인 모리 미츠토시가 발행한 책이다. 여기에 『대경성부대관』 원도 제작시의 이야기가 나와있다.

私の人生の航路と
なった鳥瞰図

金龍河

　京都大学に留学していた40年ほど前、私は一枚の美しい図面と出会った。仁川を描いた彩色立体図だ。これが私に、生涯をかけて仁川をテーマに研究するよう仕向けた張本人だと言ってもいいだろう。この図面は誰がいつ、どのように作成したのだろうか。その謎を突きとめたいと私は思った。

　それから30年経った2014年、不思議なことに、印刷された完全な図面2つが、同時に私の目の前に現れた。ソウル歴史博物館と漢陽大学の冨井正憲教授がそれぞれ入手した『大京城府大觀』だ。私が複写した立体図は、『大京城府大觀』の仁川の部分の、彩色された原図であることが明らかになった。(図版① 1987年に京都大学地理学科でこの地図を発見したとき、その美しさと緻密さに目を奪われた。私はこれを複写して韓国に持ち帰り、公開した。)

　2015年、ソウル歴史博物館の研究費支援を得て、「絵のような美しい地図、地図に近い絵」を描いた制作者と、その制作経緯を明らかにするため、冨井教授とともに京都に出かけた。

　30年前の記憶をたどり、原図を複写したスライドフィルムをようやく見つけ出し、これをプリントして持参した。まず京都大学地理学科を訪ね、この鳥瞰図

を初めて私に見せてくださった応地利明京都大学名誉教授とも面会した。応地教授は学生だった私のことは覚えていらしたが、原図の行方についてはわからないという曖昧な返答だった。

　その後も2回にわたって、京都大学地理学科と総合博物館、文学部図書館などを探索したが、結局、原図の行方は分からなかった。

　次に、地図を制作した小野三正(かずまさ)の活動と家族関係について調査した。小野は地図制作専門家として学生を指導し、地図に関連する多くの論文の存在も把握した。しかし小野に生存する家族がいるかどうかは確認できなかった。

　調査の過程で、小野には森三蔵という高弟がいたことを知った。そして京都から2時間ほど離れた滋賀県守山市に、森の息子が生存していることを突きとめた。森三紀(みつとし)氏はその時76歳で、父親についての様々な情報を話してくれた。

　私たちが驚いたのは、森三蔵は生前に一度も韓国に出かけたことがなかったという話だった。日本陸地測量部が制作した地形図をもとに、航空写真と建物の写真などの視覚情報のみで、あのように精密な鳥瞰図を描きあげたのだ。息子の森三紀氏は、私たちが訪ねた3年前まで父が生きていたのに、もう少し早く訪ねていれば当時の話を直接聞くこともできたのに、と残念がった。

　森三蔵が生前に書いたという自叙伝『一点一描』によると、当時、森は小野の自宅に寄宿しており、大半の地図は森が描いたとある。『大京城府大觀』もやはり、森三蔵が描いたものだろうと推測できる。(図版② ①は『大京城府大觀』仁川府の原図であったことが判明した。その後の研究で、作図家や製作過程などが明らかになった。1936年に市販される段階で、地名や施設名などが書き加えられ、軍事的な機密のあると思われる築港部分は索引で隠された。)

　仁川開港後50年の様子を詳細に記録した『仁川府史』(1933)には、仁川の全景を知ることのできるパノラマ写真と、飛行機で撮影した航空写真の3枚が添付

されている(図版③『仁川府史』に添付された航空写真を仁川市歴史資料館で再生したもの。『大京城府大観』の作図過程には、このような航空写真が活用されたと思われる。)。月尾島と二方向から見た仁川の市街地だ。1935年に仁川を描いた彩色鳥瞰図は、地形図や航空写真、それに写真などを元にして制作されたものだろう。

　鳥瞰図の中には『仁川府史』にある主要官庁、学校、会社、商店など、様々な情報が盛り込まれている。この時代について深く知りたい方は、鳥瞰図と共に『仁川府史』を並べて読めば、当時の様相を想像することができるだろう。仁川の市街地を描写したカラーの俯瞰図は、『大京城府大観』が唯一無二のものである(図版② 1933年に発行された『仁川府史』に添付された地形図。筆者の引いた赤い線の左側が、当時の仁川府の境界である。仁川の面積は6.72㎢、東西4.51㎞、南北1.26㎞ほどだった。1936年以降、仁川府はこの4倍に拡張された。)。

　突然私の目の前に現れた『大京城府大觀』!! これがどのように企画されたのか、制作者や作図担当者が誰であったのか。その謎を解くという宿題を胸に抱いて、私はこの30年を生きてきた。2014年末、長年勤めた職場を無事に退職し、かつ30年来の宿題を解決して、感慨無量である。

金龍河(きむ・よんは)

　仁川在住の都市・建築研究家。仁川広域市都市計画常任企画団長、仁川発展研究院先任研究委員として30年間、仁川市の都市開発及び近代建築について研究し仁川市文化財委員を歴任した。早くから、建築と都市計画とを並べて考え、都市の歴史と近代建築物の保存に力を尽くしてきた。著書『地図で見る仁川120』、『1883－2001仁川の都市計画』は、仁川地域を空間地理的に整理した代表的な研究だ。

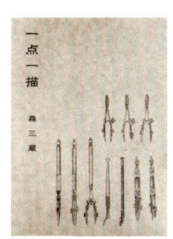

『一点一描』森三蔵自叙伝
(2010年8月、森図房発行)

森三蔵(1911-2013)の100歳を記念して、息子である森三紀氏が発行した。ここに『大京城府大観』の原図制作についての話が載っている。

| 맺음말 |

2025년 개정판에 대해서

도다 이쿠코

　본서는 2017년에 간행한 『모던 인천 시리즈1-조감도와 사진으로 보는 1930년대』의 개정판이다. 내용에 몇 가지 정정을 가해, 조감도 『대경성부대관』을 기획하고, 배포하겠다는 조선신문 기사를 추가로 게재하였다. 기사에 따르면 경성이나 인천에서 장사를 하거나 관광을 즐기기 위한 상세한 정보가 가득하다고 하여 조선 식민 통치 25년을 맞이한 일본인의 고양감을 부추기는 내용이다. 뒤집어 보면 이는 그야말로 제국주의적 패기로 가득 찬 기록물이었음을 실감할 수 있다. 대형 지도 『대경성부대관』과 관공서와 회사, 상점 등의 건물을 촬영한 사진첩 『대경성도시대관』은 도시의 양상을 면밀히 기록하는 장대한 프로젝트이자 수레의 양바퀴처럼 동시 진행된 작업이었는데, 전후 오래도록 그 사실이 잊혀진 것은 이 프로젝트에 연루된 적지 않은 당사자들이 당시의 야망을 외면하고 입을 다물어 왔기 때문임이 틀림없다.

　건축가 도미이 마사노리 교수와 인천에서 도시 역사를 연구하는 김용하 박사가 남다른 열정으로 지도와 사진첩이라는 두 자료의 수수께끼를 추적한 것은 이것이 도시의 역사를 연구하는 데 중요한 가치를 지니기 때문이었다. 이 책은 두 연구자에게 경의를 표하고, 잠자고 있던 기록에 다시 생명을 불어넣어 현대 독자에게 전달하기 위해 편집한 것이다.

　이번에 '모던 인천 시리즈' 두 번째 책으로 『글래버 앨범 속의 개항기 조선』이라는 사진자료집을 간행한 것을 계기로, 시리즈 첫 번째 책인 『조감도와 사진으로 보는 1930년대』 개정판을 펴냈다. 앞으로도 모던 인천 시리즈로 역사를 기억하는 작업을 계속해 나갈 것이다. 근대의 흔적이 남아 있는 인천에 살면서 지난 시대의 기록을 미래로 이어가는 역할을 맡은 것이 참으로 행복하다.

| おわりに |

2025年改訂版について

戸田郁子（とだ・いくこ）

　本書は2017年に刊行した『モダン仁川１－鳥瞰図と写真で見る1930年代』の改訂版である。内容にいくつかの訂正を加え、「大京城府大観」を企画し、配布するという朝鮮新聞の記事を追加掲載した。その宣伝文句によると、京城や仁川で商売を営んだり、観光を楽しむための詳細な情報が満載されていると謳い、朝鮮植民統治25年を迎えた高揚感を煽る内容となっている。翻って見れば、これはまさに帝国主義的な覇気に満ちた記録物であったことが実感できる。

　大型の地図「大京城府大観」と、官公庁や会社、商店などの建物を撮影した写真帖「大京城都市大観」は、都市の様相を綿密に記録する壮大なプロジェクトであり、車の両輪のごとく同時進行した作業だったが、戦後長くその事実が忘れられてきたのは、このプロジェクトに関わった少なからぬ当事者たちが当時の野望から目を背け、口をつぐんできたからに違いない。

　建築家の冨井正憲と仁川で都市の歴史を研究する金龍河が、並々ならぬ情熱をもって地図と写真帖という二つの記録の謎を追跡したのは、これが都市の歴史を研究するために重要な価値を持つからだった。本書は二人の研究者に敬意を表し、眠っていた記録に再び命を吹き込んで、現代の読者に手渡すために編集したものだ。

　このたび「モダン仁川」シリーズ２作目として、『グラバーアルバムに見る開港期の朝鮮』という写真資料集の刊行を契機に、１作目の『鳥瞰図と写真で見る1930年代』の改訂版を編んだ。今後も「モダン仁川」シリーズで、歴史を記憶し続ける作業を行っていくつもりだ。近代の痕跡の残る仁川に住みながら、過ぎた時代の記録を未来へつなぐ役割を担えることを、幸せと思う。

인천부 협찬자 색인 仁川府協贊者索引

仁川府協贊者索引

萬石町 B,C-2
1 天野季一 一七
2 若鳥精米所 一八
3 東洋紡織會社仁川工場 三七
4 月尾島遊園地 九七

松坂町 B-3
1 伊達野三五郎 一丁目一〇
2 中村製樽工場
3 愛敬起石礦立場 二丁目一〇

花房町 B-4
1 下瀨昭雄
2 林象商店仁川出張所 一丁目六一五
3 豊田亭一 二丁目一五
4 壯川精米所
5 呉岡誠太 二丁目一〇
6 王成道

山根町 C-4
1 仁川公立高等女學校 一七
2 麗湖所

山手町 C-4
1 銀木 一丁目一五
2 大塚道三 二丁目一九
3 山口富太郎 二丁目一五
4 太田亮一
5 岩井勝三郎 三丁目一七
6 仁川紀之私立幼稚園 三丁目一七

支那町 B-4
1 福利市 四六
2 仁川水産株式會社 五七

仲町 B,C-5
1 德岡旅館 一丁目一五
2 大和組 一丁目一九
3 仁川郵藏 一丁目一九
4 愛民驛人合 二丁目一九
5 佐藤菊雄 二丁目一九
6 盆谷商會 二丁目一九
7 天狗 二丁目一九
8 三島富楠商店 三丁目八一八
9 國井鷦店 三丁目一三
10 花野小兒科醫院 三丁目一三
11 金槌崎 三丁目一三

本町 B-5
1 松永源次郎 一丁目一八
2 朝鮮銀行仁川支店 一丁目一九

3 望月商店 三丁目一
4 北島藥店 三丁目一
5 土居客七 三丁目一四
6 橡末恒商店 三丁目一四
7 吉村榮左衛門 三丁目一
8 梅田源博 四丁目一四
9 河村誠一 四丁目一
10 平野商店 四丁目一
11 松木屋紙店 四丁目一
12 福島肥料店 四丁目一
13 日信商會株式會社 四丁目一
14 朝日組仁川支店 四丁目一
15 浦上洋品店 四丁目一
16 三起商店 四丁目一
17 川崎金物店 四丁目一
18 朝鮮殖銀行 四丁目一
19 仁川酒店 四丁目一
20 田中澤品店 四丁目一
21 日華精 四丁目七八
22 松屋吳服店 四丁目一
23 八木晴子店 四丁目一

海岸町 B-5
1 仁川松藤石油組合 一丁目九
2 仁川英油販賣組合 二丁目二
3 高杉社 二丁目一五
4 今井嘉三 二丁目一五
5 三井物産株式會社 二丁目一五
6 仁川聯合販賣組合 二丁目一五
7 豊昌弁賣店
8 仁川自動車株式會社
9 劉君基取引所
10 朝鮮取引所仁川支店
11 木村組
12 廉盆夏仲買店
13 竹多仲買店
14 越俊榮仲買店
15 今泉組工
16 金元援米穀組
17 小川仲買店 四丁目一
18 野口商店 四丁目一

内里 C,D-5
1 園豊商合 三四
2 筊戸内科醫院 九四
3 朝鮮桑工株式會社 九七

4 河村雄助 一〇六
5 若林松之助 二一五
龍岡町 C-4
1 増田屋酒造場
2 溫見賓市 三

龍里 D-4,5
1 朱榮善 一四七
2 橫田栗吳 二三九

新町 D-5
1 山田後七 一
2 富士カフェー 一八
3 新田又平 一九
4 佐藤賀店 一九
5 代田繁治 一九
6 牧瀨醫院 一九
7 中村食料品店 三六

寺町 D-5
1 博文普通學校
2 仁川公立尋常高等小學校
3 守山酒造場 一九
4 泉川濟次 三九

宮町 C-5,6
1 前田吳服店 八八
2 菊池洋品店 一〇
3 星光商合 一〇
4 西野入醫院 二六
5 古原洋服店 二六
6 齊崎館店 二〇
7 森下仲買店 二〇
8 磯永洋服店 二〇
9 岩崎政介
10 東芹軒
11 仁川紳社務所
12 加藤精米所 二八
13 矢部作 四一

濱町 D-6
1 澤井茂三郎 七七
2 旭屋旅館 一一
3 尾田組
4 安野材木店 一二四
5 姚永商店 一二四
6 中野谷滿素酒店 一二四
7 岩野了 一七九
8 劉君基材木店 一七九
9 朝鮮精米株式會社仁川支店 一八
10 鈴谷鐵工所 一二五

11 吉金穀物店 二八
12 友松パケツ工場 三四
13 京仁鐵工所 三五

港町 B-5
1 三祭組 一丁目一五
2 朝鮮海作社 一丁目一五
3 森焿汽船合資會 二丁目一五
4 橫田船具店 四丁目一三
5 久米商合 四丁目一三
6 仁川穀物協合 四丁目一三
7 内鮮運檢組 四丁目一六
8 協同海產商合 五丁目一六
9 炭愛醫院 六丁目一七
10 朝鮮產業銀行仁川支店 五丁目一七
11 朝鮮運送仁川支店 六丁目一五
12 仁川鐵工所 七丁目一

松林里 E,F-4, F-5
1 仁川第二公立普通學校 二三五

金谷里 E-5
1 朝鮮マッチ株式會社 一五

外里
1 厚貨宮 一九二

牛角里 E,F-5
1 仁川第一公立普通學校 三五

栗木里 D,E-5
1 仁川公立商業學校 四

柳町 E-5
1 朱命基精米所 一六

花町 D,E-6
1 華藏寺 一丁目四
2 河村精米所 一丁目四五
3 武野精米所 二丁目一六
4 市原燒場 二丁目一六
5 力武特産株式會社 二丁目一五一
6 安河内商店 三丁目八
7 青木醬油釀造場 三丁目一八

桃山町 F-6
1 徳生院 二四
2 朝日釀造株式會社 四七

敷島町 E-6
1 敷島貨座敷組合 六

색인 索引

name	map	photo
가		
가와무라 상점 河村商店	34	77
가와무라 정미소 河村精米所	42	99
가와바타 철물점 川端金物店	34	67
개풍 상회 開豊商会	35	76
강익하 중매점 康益夏仲買店	29	72
경성전기 인천지점 京城電気	39	87
경인철공소 京仁鉄工所	39	91
고노 상점 河野商店	34	64
고노 의원 河野医院	39	89
관측소 観測所	12	55
구메 상회 久米商会	28	93
구세의원(주영선) 救世医院(朱榮善)	33	80
구와노 중매점 桑野仲買店	29	71
구케야 철공소 絆谷鉄工所	38	90
금성 철공소 金星鉄工所	29	74
기무라구미 木村組	29	72
기쿠치 양품점 菊池洋品店	38	84
기타지마 약방 北島薬店	29.34	63
긴수이 銀水	27,32,34	56
김원국 미곡상 金元国米穀商	29	74
까페 후지 カフェー富士	35,39	81
나		
나가오카 상점 長岡商店	23	54
나오노 정미소 直野精米所	43	99
나이센 운수조 內鮮運輸組	29	93
나카노야 상점 中野谷商店	38	89
나카무라 카 식료품점 中村嘉食料品店	34	82
나카무라 통제조공장 中村製樽工場	12	50
노구치 상회 野口商会	38	75
니노미야 철공소 二宮鉄工所	43	100
니시노이리 병원 西野入病院	38	85
닛센 해운㈜ 日鮮海運	34	66
닛카 루 日華樓	34	68
다		
다나카 양품점 田中洋品店	34	68
다카미츠 주조장 高三酒造場	43	99
다카스기 간장양조장 高杉醤油醸造所	12	49
다카스기 노보루 高杉昇	29	70
다카오 인천지점 高雄仁川支店	34,39	82
다케다 중매점 竹多(カネメ)取引所	29	73
도모마츠 바케츠공장 友松(丸卜)バケツ工場	39	91
도요타 주조장 豊田酒造場	12	53
도이 키시치 상점 土居喜七商店	29	63
도쿠나가 상점 德永商店	38	89
동복공 同福公	23	58
동양방직㈜ 東洋紡績㈜	12	49
동양헌 東洋軒	39	86
덕생원 德生院	43	101
라		
리키타케 물산 力武物産	18.43	100
마		
마루이치구미 운송점 丸一組運送店	38	88
마스다야 주조장 増田屋酒造場	33	78
마에다 기모노점 前田呉服店	38	84
마츠나가 상점 松永商店	27	62
마츠모토야 지물점 松本屋紙店	34	65
마츠야 기모노점 松屋呉服店	34	69

색인 索引

name	map	photo	name	map	photo
마키 상점 槇利市商店	22	58	아사히야 여관 旭屋旅館	38	88
마키세 의원 牧瀬医院	34,38	82	아오시마 상점 青島商店	38	85
모리노부 기선㈜ 森信汽船	22	92	안도 재목점 安藤材木店	38	89
모리시타 의원 森下医院	39	85	애경사 비누공장 愛敬社石鹸工場	12	51
모리야마 주조장 守山酒造場	39	83	야기 유리상점 八木硝子店	34	69
모치즈키 상점 望月商店	29,34	63	야마구치 상점 山口商店	34	56
미나카타 잡화점 南方雑貨店	34	61	야마다 센시치 山田淺七	35	81
미시마 상점 三島商店	27,34	60	야마토구미 大和組	27	59
미야타 주점 宮田酒店	34	68	야사카 루 矢坂樓	42	87
미츠이 물산 三井物産	29	71	야스고우치 상점 安河内商店	43	101
			오가와 중매점 小川仲買店	29,38	75
바			오쿠다 정미소 奥田精米所	18,42	-
박문보통학교 博文普通学校	35	83	와카바야시 상점 若林商店	35	77
부도유곽 敷島遊郭	18,43	102	왕성홍 王成鴻	23	53
			요시가네 곡물점 吉金穀物店	39	91
사			요시무라 에자에몬 吉村栄左衛門	29	64
사이토 정미소 齋藤精米所	12	-	요시키 간장양조장 吉木醤油醸造所	43	101
사토 병원 佐藤病院	39	82	요코타 어구점 横田船具店	23,28	93
사토 현물주식점 佐藤現物株式店	34	60	요코타 약방 横田薬店	35	80
산에이구미 三栄組	23,26	92	우라가미 양복점 浦上洋服店	34	66
산키 상회 三起商會	34	67	우로코(요리점) うろこ(料亭)	32	56
센요샤 扇洋社	32	57	유군성 재목점 劉君星材木店	39	90
스기노 정미소 杉野精米所	18,43	-	유군성 취인소 劉君星取引所	29	72
시모모리 상점 下森商店	12	52	유래항 상점 柳來恒商店	29	63
시부야 상회 澁谷商会	34	61	이마이 상점 今井商店	29	71
			이소나가 양복점 磯永洋服店	39	85
아			이와사키 상점 岩崎政介商店	39	86
아리마 정미소 有馬精米所	12	48	이와이 병원 岩井病院	34	57
아마노 슈이치 天野秀一	12	48	이즈노 상점 伊津野商店	12	50
아사오카 여관 淺岡旅館	27	59	이즈미카와 세이치 泉川清一	39	83
아사히 양조회사 朝日醸造会社	18	101	인천곡물협회 仁川穀物協会	29	93
아사히구미 朝日組	34	66			

仁川府協贊者索引

name	map	photo
인천공립상업학교	18,43	98
仁川公立商業學校		
인천공립고등여학교	33	55
仁川公立高等女學校		
인천공립심상고등소학교	16,33,35	83
仁川公立尋常高等小學校	39,42	
인천공립심상소학교	14,33	79
仁川公立尋常小學校		
인천기념유치원 仁川記念幼稚園	34	57
인천세관 仁川稅關	16,38	95
인천소금공동판매조합	29	71
仁川塩共同販賣組合		
인천송함석유조합 仁川松函石油組合	23,26	70
인천수산㈜ 仁川水産	22	58
인천신사 仁川神社	16,39	86
인천영유판매조합 仁川英油販賣組合	29	70
인천임해학교 仁川臨海學校	45	53
인천자동차㈜ 仁川自動車	29	71
인천제1공립보통학교	18	-
仁川第一公立普通學校		
인천제2보통학교 仁川第二普通學校	14	96
인천제염소 仁川製塩所	12	-
인천공립중학교 仁川公立中學	32	55
인천철공소 仁川鐵工所	16	95
인천토목출장소 仁川土木出張所	22	95

자

name	map	photo
조선농공㈜ 朝鮮農工㈜	34	76
조선미곡창고 朝鮮米穀倉庫	16	87
조선상업은행 朝鮮商業銀行	29,38	94
조선성냥공장 朝鮮マッチ工場	14	97
조선식산은행 朝鮮殖産銀行	29,38	75
조선신문지국 朝鮮新聞支局	43	-
조선운송㈜ 朝鮮運送㈱	38	95
조선은행 인천지점 朝鮮銀行	23,27	62
조선저축은행 朝鮮貯蓄銀行	34	67
조선정미㈜ 朝鮮精米㈱	38	90
조선취인소 朝鮮取引所	16,29	72
조선해양사 朝鮮海洋社	22	92
조준호 중매점 趙俊鎬仲買店	29	73
주명기 정미소 朱命基精米所	18,43	98

차카타파

name	map	photo
츠지카와 정미소 辻川精米所	12	53
카토 정미소 加藤精米所	16,39,42	86
쿄도 해운상회 協同海運商會	29	94
쿄이쿠샤 곡물비료부 共益社穀肥部	29	64
케이타구미 慶田組	38	88
키도 내과의원 城戶内科	34	76
텐구 天狗	27	60
표관 瓢館	39	81

하

name	map	photo
하나노 소아과 花野小兒科	34	61
하라 전당포 原質店	35	98
하야시가네 상점 林兼商店	12	52
협성상회(김상기) 協成商會(金相琦)	34	61
호시미츠 상회 星光商会	38	84
화엄사 華嚴寺	42	99
후루하라 양복점 古原洋服店	38	85
후카미 양조장 深見釀造所	33	79
후쿠시마 비료점 福島肥料店	34	65
히라노 상점 平野商店	34	65
히로가네 이비인후과 廣兼耳鼻咽喉科	29	94

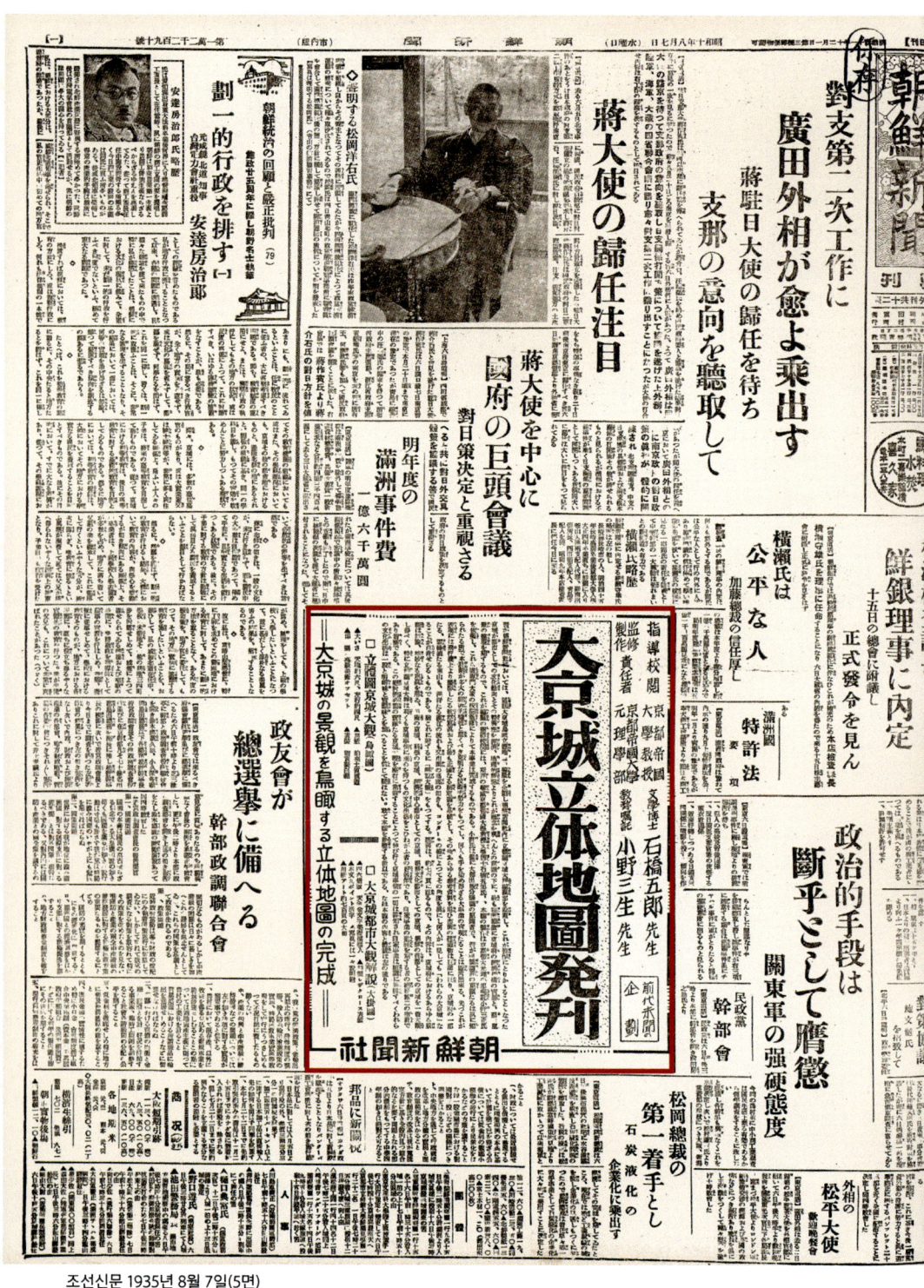

조선신문사   1935년 8월 7일 (5면)

지도교열 교토제국대학교수 문학박사 石橋五郎 선생

감수제작 책임자 교토제국대학 전이학부 교무촉탁 小野三正 선생

전대미문의 기획

대경성입체지도발간

우리 조선신문사에서는 이번에 대경성조감 입체지도의 편찬을 계획하고, 조선신문사 안에 입체도 경성대관 편찬부를 설치하였다. 이렇게 제작에 착수하게 된 경성은 도시로서의 문화 동향과 그 특이성을 경제, 지리적 관점에서 이해해야 한다는 의도하에, 경성부 경제구조의 실태와 도시풍경을 가장 정밀하게 묘사하기 위한 것이다. 입체지도의 편찬을 위한 지도 교열에는 사계의 권위자인 교토제국대학 교수 문학박사 이시바시 고로(石橋五郞)씨, 입체 조감도의 제작은 교토제국대학 이학부 촉탁 오노 가즈마사(小野三正)씨를 위촉하였다. 이러한 전문 대가의 교열 감수에 따라 본 사업을 완성할 것이다.

오노씨는 이전에 다이마이출판 분현도를 제작한 사람으로 일본 제도계의 중진으로써 일찍부터 알려져 있는데 본 계획이 지대한 경제적 희생과 놀라운 정확한 기술적 노력으로 누구도 수행할 수 없는 대사업이라 단언할 수 있다. 이것을 표현하는데 먼저 비행기에서 촬영한 항공사진 및 가장 정확한 측정도를 기초로 하고, 그 밖의 모든 참고 자료는 시가의 건물을 엄청나게 자세히 묘사하는 데 사용되고, 경성부의 일부인 청록색의 남산도, 황양한 한강의 흐름, 또한 시가의 높낮이와 같이 등고선에 따라 그 각도를 달리하여 여러 사람이 언뜻 보기에도 「우리들의 대경성」임을 수긍할 수 있다.

또한 여기에 덧붙여 「해설대관」이 있다. 이 책은 약 700페이지에 이르는 것으로, 그 내용은 경성부의 모든 경관은 물론 정묘한 사진을 사용하여 미술의 경성, 과학의 경성, 경제적 중심도시로서의 경성, 조선 문화도시로서의 경성, 조선의 수도로서의 경성을 한눈에 볼 수 있도록 특히 입체도 경성대관은 적어도 경성 사정에 관심이 있는 자들의 문화생활에 좋은 동반자이며, 자신의 사업 발전을 기대하는 사람들에게 완벽한 지침이자 지혜이다. 이 절대적 필수의 보물인 경성대관을 신변에 항상 비치함으로써 뻗어나가는 경성 사정 일체를 상세하게 알고, 자신의 사업은 순조롭게 진전될 수 있도록 우리들의 문화생활은 한층 더 명랑미와 실제미를 더할 것이라 믿어 의심치 않는다. 감히 본도를 권장하는 이유이다. 또한 본도의 내용과 체재는 왼쪽과 같다.

□ 입체도 경성대관 (조감도)
▲ 크기 상하 약180cm, 좌우 약120cm   ▲ 용지 외국산 모조지
▲ 인쇄 고급 미술 옵셋   ▲ 표구 별표 장백축

□ 대경성 도시대관해설 (대패도)
▲ 46배판 금박 문자 미술모양입   ▲ 사진에는 일일이 설명 첨부
▲ 특제 레자크로스(인조가죽) 표지   ▲ 본문 9포인트 활자
▲ 용지 아트지 약 700페이지의 큰 책

=대경성의 경관을 조감하는 입체지도의 완성=

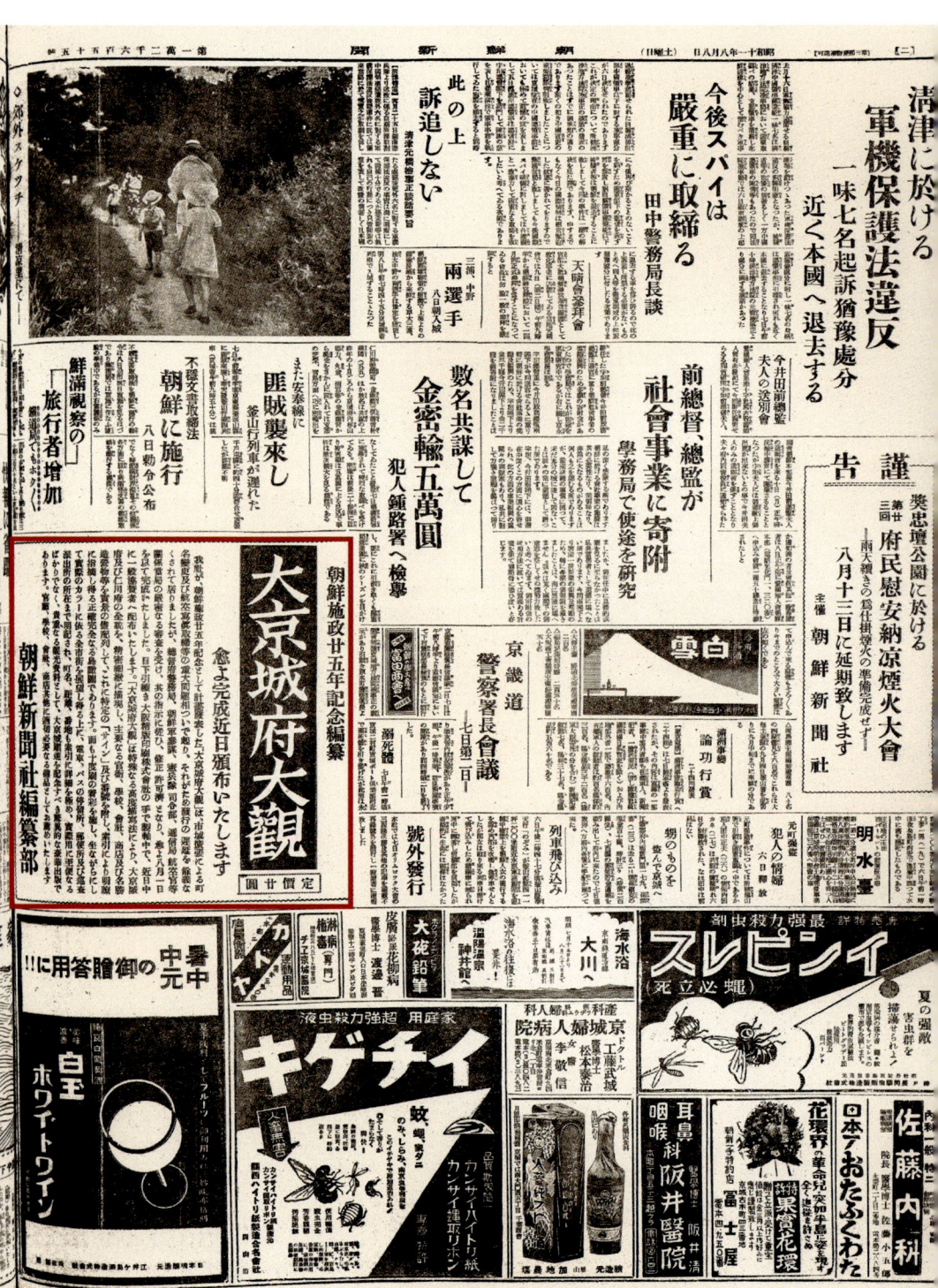

조선시정25년 기념편찬

대경성부대관

정가 20원

드디어 완성되어 조만간 배포하겠습니다

조선신문사가 조선시정 25주년 기념으로 계획 발표한 「대경성부대관」은, 시역 확장에 의한 町名 변경 및 항공사진 촬영 통제 등 심각한 문제가 잇따라 발생하여 그로 인해 발행 지연이 불가피했지만, 총독부 경무국, 조선군 참모부, 헌병대 사령부, 체신국 航空官 등 관계 당국의 엄밀한 심사를 받고, 그 지시에 따라 수정하여 허가를 마치고 드디어 8월 1일부로 완성했습니다.

현재 계속해서 오사카정판인쇄주식회사에서 製軸 중으로, 가까운 시일 내 일반 협찬자에게 배포하겠습니다. 「대경성부대관」은 특수한 고도의 묘사법으로 대경성부 및 인천부의 전모를 정밀하고 세밀하게 표현하고, 주요한 관청, 학교, 회사, 상점 및 명승 기념물 등을 실제 보는 대로 배열하고, 여기에 특정의 사인 및 번호를 붙여 색인에 의해 명료하게 찾을 수 있는 정확하고 완전한 조감도입니다.

또한 10도 채색으로 앉아서 실제 색으로 전 시가를 전망할 수 있는 데다 전차, 버스정류장, 우편소 및 파출소의 위치까지 명기되고, 町名, 거리, 번지도 색인으로 상세하게 확인할 수 있어 실제 사용에 편리할 뿐만 아니라 귀중한 관광자료로써 대경성 발전을 기념할 만한 경이적인 호화출판입니다.

관청, 학교, 회사, 상점 및 그밖에 적절히 필요한 비품으로써 추천해 드립니다.

조선신문사 편찬부

모던인천 시리즈 1
조감도와 사진으로 보는 1930년대

편저 김용하, 도미이 마사노리, 도다 이쿠코
펴낸이 류은규
디자인 드림포트디자인 정은탁

출판등록 2007년 3월 28일
등록번호 제123-91-82792
개정판1쇄 2025년 4월 6일

도서출판 토향
인천광역시 중구 신포로31번길 38-1 (우 22315)
전화 032-766-8660
팩스 032-766-8662
홈페이지 www.tohyang.co.kr
이메일 tohyang@gmail.com

ISBN 978-89-98135-13-3 (04910)
　　　 978-89-98135-12-6 (셋트)

ⓒ 도다 이쿠코 TODA Ikuko
이 책의 저작권은 도다 이쿠코에게 있으며 허락없이
무단복사, 복제, 전제하는 행위는 저작권법에 저촉됩니다.

책값은 표지 뒷면에 표시되어 있습니다.